Небесни креации од суфле

100 вкусни рецепти за солени и слатки
суфлеа, со прекрасни слики во боја

Делян Мочев

СОДРЖИНА

ВОВЕД

Добредојдовте во светот на суфлеата, каде што можете да уживате во лесните, меки и вкусни креации кои прават совршени оброци или десерти за секоја пригода. Овој готвач е вашиот врвен водич за создавање на најнебесните суфлеа, без разлика дали сте искусен готвач или почетник готвач.

Внатре, ќе најдете 100 вкусни рецепти за суфлеа од секаков вид, од класични суфла со сирење и спанаќ до слатки задоволства како чоколадо и суфлеа од малини. Секој рецепт е стручно направен за да се осигура дека вашите суфлеа совршено ќе нараснат и ќе имаат кадифена текстура што се топи во устата.

Покрај рецептите, секој пат ќе најдете корисни совети и трикови за правење совршено суфле. Исто така, ќе најдете прекрасни слики во боја од секој рецепт, за да можете точно да видите како треба да изгледа вашето суфле.

Без разлика дали организирате вечера или само барате утешен десерт, уфле готвач има се што ви треба за да создадете совршено суфле секој пат.

ПОЈАДОК

1. Суфле палачинки

Прави: 2

СОСТОЈКИ
- 1 средно јајце од слободен опсег, одвоено, плус 1 дополнителна белка од јајце
- 2 ½ лажици шеќерен шеќер
- ½ лажичка екстракт од ванила
- 2 лажици полномасно млеко
- 4 лажици обично брашно
- ¼ лажичка прашок за пециво
- ¼ лажичка крем забен камен
- Путер за маснотии
- Јаворов сируп, посолен путер и шеќер во прав за сервирање

ИНСТРУКЦИИ:

a) Во помал сад изматете ги жолчката, половина од шеќерот и ванилата додека не станат бледи и пенливи.

b) Додадете го млекото, изматете додека не се соедини добро, а потоа просејте ги брашното, прашокот за пециво и малку сол и измешајте додека не се соедини.

c) Во посебен чист сад измешајте ги белките и кремот од забен камен.

d) Матете со електричен рачен миксер до меки врвови.

e) Додадете го преостанатиот шеќер и продолжете со матење до цврсти, сјајни врвови.

f) Свиткајте ја смесата од жолчки во меренгата во 2 додатоци со движење од осум додека не се соедини - не премешајте повеќе или ќе го исфрлите воздухот.

g) Загрејте голема нелеплива тава со капак на средна топлина.

h) Многу малку подмачкајте ја тавата, а потоа истурете околу ⅔ од тестото во 2 големи могили, добро распоредени една од друга.

i) Додадете 2 лажички вода во тавата, потоа покријте и намалете ја топлината на најниско ниво и варете 4 минути.

j) Поделете го преостанатото тесто помеѓу 2 палачинки, па повторно покријте и варете уште 4 минути.

k) Нежно превртете ги палачинките и варете уште 4 минути.

l) Послужете веднаш, прелиен со путер, прашина од шеќер во прав и јаворов сируп.

2. Суфле со сирење Едам со сланина

Прави: 8 порции

СОСТОЈКИ:
БЕШАМЕЛ:
- 5 лажички брашно
- 6 жолчки
- прстофат сол
- 1 ¼ чаша млеко, варено
- прстофат кајен пипер
- ¼ чаша путер
- прстофат бибер

МЕСИНА НА СИРЕЊЕ:
- прстофат сол
- 3 унци крем сирење
- ¼ килограми мала бруноза од сланина
- 3 унци Едамско сирење
- 8 белки изматени
- 2 унци путер

ИНСТРУКЦИИ:
a) Се топи путерот, се додава брашното и се варат без да се заруменат додека смесата не почне да меурчиња.

b) Постепено додавајте топло млеко со постојано матење. Гответе додека текстурата не стане мазна и густа и не почне да врие. Тргнете од оган.

c) Измешајте ги жолчките, солта, биберот и кајенот во смесата.

d) Загрејте ја рерната на 350 F.

e) Ренданиот пармезан рамномерно посипете го околу подмачкан рамекин. Подгответе водена бања за Суфле и загрејте ја во рерната.

f) Во сад растопете ги крем сирењето, путерот и едам сирењето. Додадете бешамел во смесата со сирење. Со шпатула преклопете ги меките изматени белки од јајце во смесата.

g) Испржете сланина

h) во тава додека не стане крцкава. Исцедете го вишокот маснотии и ставете го на хартиена крпа.

i) Наполнете го подготвениот рамекин со смесата до врвот. Исчистете ги рабовите на рамекин од дополнителна смеса. За да се пече Суфле, ставете ги рамекините во бејн Мари 15 минути додека не издува 1 инч над рамекинот. Извадете го Суфлето од рерна да се излади. Ставете една лажичка крцкава сланина во центарот на Суфлето.

j) Ставете го Рамекин на чинија со квенел шербет од кромид.

3. Суфле за појадок

Прави: 2

СОСТОЈКИ:
- 2 јајца
- 2 лажици крем
- Црвена чили пиперка
- Магдонос

ИНСТРУКЦИИ:
a) Магдоносот и чилито ситно исечкајте ги. Ставете ги јајцата во сад и измешајте ги со кремот, магдоносот и биберот.

b) Наполнете ги садовите до половина со смесата со јајца.

c) Суфлањата се печат на 200 степени 8 минути.

4. Холандски суфле со сланина во рерна

Прави: 2

СОСТОЈКИ:
- 4 шолји бел или француски леб стар ден во коцки
- ⅓ лажичка кромид во прав
- 2 чаши рендано чедар сирење
- цртичка мелена пиперка
- 10 јајца, лесно изматени
- ½ фунта варена сланина, распарчена
- 3 чаши млеко
- ½ чаша сецкани печурки
- 1 лажичка кафеав сенф
- ½ чаша сецкан, излупен домат
- 1 лажичка сол

ИНСТРУКЦИИ:
a) Обложете ја холандската рерна со алуминиумска фолија или обилно подмачкајте ја рерната.

b) Наредете коцки леб во рерна и посипете ги со сирење.

c) Изматете ги јајцата, млекото, сенфот, солта, биберот и кромидот во прав.

d) Рамномерно прелијте ги сирењето и лебот. Посипете со сланина,

e) печурки и домат. Покријте и разладете преку ноќ.

f) Извадете го од ладилникот кога ќе нарасне за да може холандската рерна да се загрее.

g) Печете околу 1 час на 350 степени.

5. Суфле вафли со три сирења

Сочинува: 10 до 12

СОСТОЈКИ

- 4 јајца, одвоени
- 2¼ шолји млеко
- 4 унци путер, стопен
- ½ шолја рендан пармезан
- ½ шолја рендана моцарела
- ¼ шолја рендан проволоне
- 3 чаши универзално брашно
- 1 лажица прашок за пециво
- 1 лажичка сода бикарбона
- 1 лажичка кошер сол
- 1 шолја ситно сечкан власец

ИНСТРУКЦИИ:

a) Поставете го Sear и притиснете Grill со вафли. Изберете 450°F за горните и долните плочи. Притиснете Start за претходно загревање.

b) Измешајте ги жолчките, млекото и путерот и изматете ги добро да се соединат.

c) Во голем сад за матење ставете сирење, брашно, прашок за пециво, сода бикарбона и сол и направете бунар во центарот.

d) Истурете ја смесата со јајца и преклопете додека не се соедини.

e) Белките се матат со електричен матител додека не се формираат цврсти врвови.

f) Преклопете го тестото за вафли заедно со сечканиот млад лук.

g) Откако ќе заврши Загревањето; зеленото светло Ready ќе светне.

h) Додадете ½ чаша тесто во секој квадрат за вафли.

i) Затворете го капакот и варете додека не се свари и порумени.

j) Ова ќе потрае приближно 4-5 минути или додека не се готви по ваш вкус.

6. Суфле од печени јајца

Прави: 6 порции

СОСТОЈКИ:
- 12 парчиња бел леб
- 2 лажици путер, омекнат
- 6 парчиња сувомеснати шунка
- 6 парчиња американско сирење
- 3 чаши млеко
- 4 јајца, изматени
- сол и бибер по вкус

ИНСТРУКЦИИ:
a) Намачкајте ја едната страна од секое парче леб со путер.

b) Наредете 6 парчиња путер надолу во лесно подмачкана тава за печење 13"x9".

c) Одозгора наредете шунка и сирење. Покријте со преостанатиот леб, со путерот нагоре.

d) Изматете го млекото и јајцата додека не станат пенливи; прелијте ги сите.

e) Посипете со сол и бибер.

f) Печете, непокриено, на 350 степени 50 минути или додека не порумемат.

g) Оставете да отстои 5 минути пред послужување.

7. Печени суфла од палента со сос од Талеѓо

Сочинува: 6

СОСТОЈКИ
- 60 гр несолен путер
- 50 g инстант палента, плус дополнителна прашина
- 60 гр обично брашно
- 2 ½ чаши млеко
- 4 јајца, одвоени, плус 2 дополнителни жолчки
- 300 гр Талегџо, отстранета кора, исечкана
- 300 мл чист крем
- Рендан пармезан и салата, за сервирање

ИНСТРУКЦИИ:
a) Загрејте ја рерната на 160°C. Намачкајте осум калапи за дариол од ½ шолја со путер и посипете со палента.

b) Растопете го путерот во тенџере на тивок оган. Зголемете ја температурата на средно, додадете го брашното и варете 2-3 минути. Додадете го млекото и нежно изматете додека не се изедначи. Тргнете го од оган и изматете ја палентата. Застанете 5 минути за малку да се излади.

c) Изматете ги 4-те белки со електрични тепачи до крути врвови. Измешајте ги 6-те жолчки во изладената смеса од палента, а потоа нежно преклопете ја белката.

d) Калапите наполнете три четвртини со смесата за суфле и префрлете ги во тава за печење. Истурете доволно врела вода во тавата за да дојде до половина од страните на калапите. Печете 25 минути или додека не нарасне.

e) Превртете ги калапи во плех обложен со хартија за печење. Ставете го Талегџото и кремот во сад отпорен на топлина, поставен над тава со нежно зовриена вода, повремено мешајќи додека не се стопи и изедначи.

f) Секое суфле прелијте го со сосот Талегио и посипете со пармезан. Печете 25 минути или додека не се надуе и порумена, а потоа послужете со зелена салата.

8. Суфле од овесна каша

Сочинува: 4

СОСТОЈКИ:

- 1 чаша екстра-дебел валани овес
- 3 чаши полномасно млеко
- 2 лажици турбинадо шеќер
- Нотка кошер сол
- 3 големи јајца, одвоени
- 2 чаши мешани малини и боровинки
- ½ лажичка ситно рендана кора од лимон
- Слаткарски шеќер, за бришење прашина
- Чист јаворов сируп, за сервирање

ИНСТРУКЦИИ:

a) Загрејте ја рерната на 350°. Намачкајте со путер сад за печење од 2 литри.

b) Во големо тенџере измешајте ги овесот, млекото, турбинадо шеќерот и солта и оставете да се динста.

c) Гответе на умерен оган, повремено мешајќи додека не се згусне до конзистентност на каша, околу 15 минути. Тргнете од оган; нека се излади малку.

d) Работејќи брзо, измешајте ги жолчките во овесната каша додека не се измешаат добро.

e) Преклопете 1 чаша бобинки и кора од лимон.

f) Во поголем сад, со рачен миксер, изматете ги белките со средна брзина додека не се формираат средно цврсти врвови, околу 3 минути. Нежно преклопете ги белките во овесната каша само додека не се соединат.

g) Истурете ја смесата во подготвениот сад и печете околу 30 минути, додека не порумени и издува.

h) Посипете со шеќер од слатки и послужете го топло со преостанатата 1 чаша бобинки и јаворов сируп, по желба.

9. Француски тост суфле

Сочинува: 12

СОСТОЈКИ:
- 10 чаши коцки бел леб
- Омекнат пакување од 8 унца крем сирење со малку маснотии
- 8 јајца
- 1 ½ шолја млеко
- ⅔ шолја половина и пол крем
- ½ чаша јаворов сируп
- ½ лажичка екстракт од ванила
- 2 лажици слаткарски шеќер

ИНСТРУКЦИИ:
a) Ставете коцки леб во малку подмачкана тава за печење 9x13 инчи.

b) Во поголем сад изматете го крем сирењето со електричен миксер со средна брзина додека не се изедначи.

c) Додадете ги јајцата едно по едно, добро измешајте по секое додавање.

d) Измешајте ги млекото, половина и половина, јаворов сируп и ванилата додека смесата не се изедначи.

e) Прелијте ја смесата со крем сирење врз лебот; покријте и ставете го во фрижидер преку ноќ.

f) Следното утро извадете го Суфлето од фрижидер и оставете да отстои на собна температура 30 минути. Во меѓувреме, загрејте ја рерната на 375 степени Ф.

g) Печете, непокриено, 30 минути во загреаната рерна или додека ножот вметнат во центарот не излезе чист.

h) Посипете со слаткарски шеќер и послужете топло.

10. Омлет со суфле со фета и сушен домат

Прави: 1 порција

СОСТОЈКИ:

- 3 јајца со средна големина; разделени
- 1 лажица Вода
- 2 лажички Сончена доматна паста
- 25 грама путер; (1 oz)
- ½ 200 g пакување фета сирење; се сече на мали коцки
- 3 Исечени домати; грубо сецкани
- 4 црни маслинки; се сече на четвртинки
- 15 грама свеж босилек; грубо сецкани
- Сол и свежо мелен црн пипер

ИНСТРУКЦИИ:

a) Измешајте ги жолчките и водата. Изматете ги белките додека не станат светли и пенесто и соедините ги со жолчките. Промешајте ја доматната паста.

b) Загрејте го путерот во тава, додека не се загрее. Истурете ја смесата со јајцата и оставете да се варат додека не се стегне на горниот раб и не омекне во средината.

c) На едната половина од омлетот ставете го сирењето, сушените домати, маслинките, свежиот босилек и зачините, а другата половина преклопете ја за да формирате капак.

d) Префрлете ги во чинија и послужете веднаш.

АПЕТИЗАЦИ

11. Мини каснувања од суфле

Сочинува: 12

СОСТОЈКИ:
- 1 ¼ шолја рендано остра чедар сирење
- 2 големи јајца лесно изматени
- 1 ¼ шолја млеко
- ¾ лажичка Вустершир сос
- 2 лажици путер
- 2 лажици сечкан млад лук
- По вкус сол и бибер
- Хавајски сладок леб, исечен

ИНСТРУКЦИИ:
a) Исечете ги корите од парчиња леб и исечете ги на коцки од ½ инчи.

b) Изматете ги јајцата во голем сад за матење. Додадете млеко, сирење и сос од Ворчестер. Измешајте, па измешајте го лебот.

c) Оставете да отстои 15 минути.

d) Ставете ⅓ шолја од смесата за суфле во чаши за мафини подмачкани со путер во калап за мафини.

e) Калапот за мафини ставете го во тава за желе ролна исполнета со ½ инчи вода.

f) Печете на 375° F додека не се стегне, околу 25-30 минути. Отстранете ги кога ќе се надујат и ќе станат малку кафени одозгора.

g) Посипете власец на секое суфле за украсување.

12. Каснувања од суфле од тиквички од путер

Сочинува: 6

СОСТОЈКИ:
- 6 големи јајца
- 2 чаши, исчистена тиква од путер
- ½ лажичка цимет
- ¼ чаша суво грозје, без семки
- ⅛ лажичка сол
- ⅛ лажичка црн пипер, мелен

ИНСТРУКЦИИ:
a) Загрејте ја рерната на 350 F.

b) Во голем сад за матење изматете ги сите состојки.

c) Поделете ја смесата во калап за мини мафини.

d) Печете 18-22 минути додека каснувањата од Суфле не се надујат и не станат на средина.

e) Оставете малку да се излади, па послужете. Остатоците чувајте ги во херметички сад во фрижидер, до четири дена.

13. Чиле сирење Суфле плоштади

Сочинува: 6

СОСТОЈКИ:
- 8 лажици вистински путер
- ½ чаша брашно
- 1 лажичка прашок за пециво
- цртичка сол
- 10 јајца
- 7 унци може да запалите печени зелени чили, исцедени
- 2 чаши урда
- 1 фунта Монтереј џек сирење, рендано

ИНСТРУКЦИИ:
a) Исечете го путерот на големи парчиња и ставете го во тавче со димензии 9×13.
b) Ставете ја тавата во рерна и загрејте ја на 400 степени.
c) Изматете ги брашното, прашокот за пециво и солта во голем сад за матење.
d) Додадете 1-2 јајца и изматете ја смесата додека да нема грутчиња.
e) Додадете ги преостанатите јајца и изматете додека не се изедначи.
f) Измешајте ги зелените чили, урдата и џек сирењето и мешајте додека не се соединат.
g) Извадете ја тавата од рерната и навалете ја тавата така што путерот се премачка насекаде, а потоа внимателно истурете го путерот во смесата со јајцата и измешајте да се соедини.
h) Истурете ја смесата назад во топлата тава.
i) Кога рерната ќе се загрее, ставете ја тавата во рерна и варете 15 минути.
j) Намалете ја топлината на 350 и варете дополнителни 35-40 минути или додека горниот дел не порумени и малку порумени.
k) Оставете да се излади 10 минути пред да исечете на коцки и да послужите.

14. Солени карамела суфлеа со пуканки

Сочинува: 4

СОСТОЈКИ:
- 125 мл полномасно млеко
- 125 мл двоен крем
- 105 гр шеќерен шеќер
- 25 гр пудинг ориз
- 1 мешунка од ванила, поделена
- 75гр несолен путер, омекнат
- 6 белки
- 20 гр пуканки

СОЛЕН СОС КАРАМЕЛ
- 100 гр шеќерен шеќер, плус 75 гр за рамекин
- 45 g солено путер, исечено на парчиња
- 60 мл двоен крем
- ½ лажичка морска сол

ИНСТРУКЦИИ:

a) Загрејте ја рерната на 140C и ставете четири калапи за суфле или рамекин со димензии 9,5cm x 5cm во фрижидер да се оладат.

b) Во огноотпорна тава измешајте ги млекото, павлаката, 15 грама шеќер, оризот, мешунките од ванила и малку сол.

c) Покријте и печете 2 часа или додека оризот не омекне, мешајќи на секои 30 минути.

d) Отстранете ја мешунката од ванила, а потоа префрлете ја смесата во блендер и изматете го во мазно пире, осигурувајќи дека нема да останат зрнца ориз. Покријте и оставете да се излади.

e) Во меѓувреме, за сос од карамела, 100 гр шеќер распрснете ги на дното на тавата со тешка основа.

f) Ставете на средно-силен оган, внимавајќи на шеќерот кога ќе почне да се топи.

g) Протресете ја тавата повремено за да се дистрибуира шеќерот што не се стопи и, откако ќе се растопи, употребете силиконска шпатула за да го споите, нежно скршете ги сите грутки.

h) Кога е мазна, длабоко килибарна течност - внимавајте да не изгори - брзо измешајте го путерот.

i) Полека истурете го кремот, мешајќи додека не се добие сјаен, сјаен карамел сос. Промешајте со морската сол. Стави на страна.

j) Кога рамекините целосно ќе се изладат, извадете ги од фрижидерот и обилно намачкајте ја внатрешноста со путер, внимавајќи да нема пропуштени дамки и исчеткајте ги до работ.

k) Намачкајте ги 75 g шеќер во еден рамекин, ротирајте го така што внатрешноста е темелно премачкана со шеќер, а потоа прелијте го вишокот во следниот и повторете додека не се премачкаат сите. Стави на страна.

l) Ставете ги белките во голем сад и изматете со електрична матица на голема брзина 1 мин.

m)   Постепено додавајте четвртина од преостанатиот шеќер, матејќи уште една минута, па уште една четвртина.

n) Повторете додека не се вклопи целиот шеќер.

o) Откако ќе се додаде целиот шеќер, продолжете со матење уште 30 секунди додека не се формираат цврсти, сјајни врвови.

p) Во меѓувреме, ставете го пирето од оризовиот пудинг и 15 грама солени карамел сос во голем сад отпорен на топлина, поставен над тава со зовриена вода.

q) Нежно загрејте ја смесата и измешајте ја, па тргнете ја од оган.

r) Свиткајте четвртина од изматените белки во смесата за пудинг од ориз за да се олабави, а потоа преклопете го остатокот додека не се вклопи темелно.

s) Загрејте ја рерната на 200C.

t) Со лажичка смесата со суфле се ставаат во подготвените рамекини, малку преполнувајќи ги.

u) Користејќи нож за палета, израмнете ги врвовите.

v) Поминете со стегнатиот палец и показалецот околу внатрешниот раб на секоја од рамекините за да се осигурате дека суфлеата ќе се кренат право нагоре.

w) Врвовите посипете ги со пуканки, па ставете ги на плех и печете ги на средната полица од рерната.

15. Суфле топчиња од бели јајца со паста од црвен грав

Сочинува: 4

СОСТОЈКИ:
- 5 унци паста од црвен грав
- 5 белки
- 2 унци сенаменско брашно
- 2 унци пченкарен скроб

ИНСТРУКЦИИ:
a) Направете ја пастата од црвен грав во мали топчиња.

b) Изматете ги белките со електронски рачен матење додека не се пенесат.

c) Во белките додадете брашно и пченкарен скроб и убаво измешајте.

d) Користете топка за сладолед за да ги обликувате Суфле топчињата.

e) Загрејте ја тавата на 375°F и пропржете ги топчињата Суфле додека не добијат светло кафена боја.

f) Извадете ги и посипете ги топчињата Суфле со шеќер во прав.

g) Послужете топло.

ГЛАВЕН КУРС

16. Суфле од пченка

Прави: 8-10 порции

СОСТОЈКИ:
- 1 среден кромид
- 5 килограми замрзната слатка пченка
- 6 чаши Монтереј Џек, сецкани
- 3 јајца
- 1 лажичка сол

ИНСТРУКЦИИ:
a) Во тавче, пржете го кромидот во маслиново масло. Стави на страна.

b) Во процесор за храна, мелете пченка.

c) Соединете ги и измешајте ги другите состојки, вклучувајќи го и пржениот кромид.

d) Се ставаат во сад за печење 8x14 намачкан со путер.

e) Печете на 375°F околу 25 минути или додека врвот не добие златно-кафеава боја.

17. Суфле од морков за Денот на благодарноста

Прави: 8 порции

СОСТОЈКИ:
- 2 килограми свежи моркови, излупени и варени
- 6 јајца
- ⅔ чаша шеќер
- 6 лажици оброк од мацо
- 2 лажички ванила
- 2 стапчиња путер или маргарин, стопен
- Цртичка од морско оревче
- 6 лажици кафеав шеќер
- 4 лажици путер или маргарин, стопен
- 1 шолја сечкани ореви

ИНСТРУКЦИИ:
a) Морковите и јајцата испасирајте ги во процесор за храна.

b) Обработете ги следните пет состојки додека не се изедначат.

c) Печете 40 минути во подмачкана тава за печење 9x13 на 350°F.

d) Додадете го преливот и печете уште 5-10 минути.

18. Суфле со сквош од желади

Прави: 4 порции

СОСТОЈКИ:

- 1 белка од јајце
- 2 тиквички од желади
- 4 лажички кафеав шеќер
- рендање свежо морско оревче
- ⅛ лажичка сол
- 4 лажици путер
- ¼ лажичка мелен цимет
- 1 јајце, одвоено
- свежо мелен црн пипер

ИНСТРУКЦИИ:

a) Загрејте ја рерната на 400 F. Измијте го сквошот. Исечете го сквошот на половина и извадете ги семките. Ставете ги половините од сквош со кора нагоре во ½ инчи вода во сад за печење и печете 30 минути.

b) Извадете од рерната. Со помош на клешти превртете ги половините од тиквата. Во секоја половина ставете по 1 лажица путер. Печете повторно 30 минути или додека месото не омекне. Се лади 30 минути.

c) Внимателно отстранете ја тиквата од тавата за печење и истурете го путерот во сад.

d) Без да ја оштетите кожата, внимателно извадете го месото од секоја половина од тиквата и ставете го во истиот сад.

e) Во блендер или процесор за храна, испасирајте ја тиквата со резервираниот путер, шеќер, зачини и жолчка од јајце.

f) Истурете во сад за матење.

g) Изматете ги белките со солта додека не се формираат крути врвови.

h) СВИТКАЈТЕ во пирето. Работете брзо, но внимателно, зачувувајќи го волуменот на белката.

i) Истурете ја смесата од суфле на половини од кора од тиква и печете 25 мин. или додека врвовите не станат кафеави и не почнат да пукаат.

j) Послужете веднаш.

19. Суфле од брокула

Прави: 8 порции

СОСТОЈКИ:
- Две пакувања од 10 унци замрзната брокула
- 3 јајца
- Сол и бибер по вкус
- 1 лажица мешавина од супа од кромид
- ½ чаша мајонез
- Подмачкајте ја тавата
- 2 лажици Маца оброк, поделени

ИНСТРУКЦИИ:
a) Сварете ја брокулата според упатствата на пакувањето. Исцедете го темелно.

b) Стави на страна. Во сад за матење убаво изматете ги јајцата со мешавината од сол, бибер и супа од кромид; мајонезот и продолжете со матење додека убаво не се соедини.

c) Промешајте ја сварената брокула.

d) Подмачкајте тавче за печење од 7 x 11½".

e) Посипете лесно со 1 лажица од оброкот маца.

f) Истурете ја брокулата во тавата и одозгора посипете ја со преостанатиот оброк од маца.

g) Печете на 350 40-50 минути или додека врвот не порумени.

20. Тарт со суфле од чаден лосос

Прави: 6 парчиња

СОСТОЈКИ:

- ½ од пакување од 375 g тесто со кратка кора
- 50 g обично брашно, плус дополнително за бришење прашина
- 50 гр путер
- 300 мл млеко
- 3 големи јајца, одвоени
- кора од лимон ½ лимон
- 1 лажица сецкан копар, плус уште малку
- Пакување 100 g парчиња чаден лосос
- 150 g пакување ронливо козјо сирење, исечено на коцки

ИНСТРУКЦИИ:

a) Загрејте ја рерната на 200C.

b) Расукајте го пецивото на површина со прашина со брашно и обложете го калап за тарт од 22 см, оставајќи го вишокот печиво да виси на работ.

c) Обложете со пергамент и грав за печење и печете на слепо 15 минути.

d) Отстранете ја хартијата и печете уште 10 минути.

e) Во тава ставете ги путерот, брашното и млекото. Загрејте, мешајќи цело време додека не се добие многу густ, мазен сос. Измешајте ги жолчките, кората од лимон, копарот и зачините.

f) Во чист сад изматете ги белките со електричен мат за матење додека не ја задржат формата, а потоа внимателно преклопете ги во сосот.

g) Искинете ги кришките лосос на крупни парчиња и наредете половина преку основата на тартот со половина козјо сирење.

h) Со лажица се прелива сосот за суфле, а одозгора наредете го преостанатиот лосос и сирењето со дополнително копар и црн пипер.

i) Печете 25-30 минути додека не се надува и порумена. Исечете ги рабовите на пецивото.

j) Транспортирајте уште во плех, или на чинија за сервирање, завиткана со фолија.

21. Суфле со лут лук со шунка

Прави: 5 порции

СОСТОЈКИ:
- 3 лажици Маслиново масло
- ½ среден кромид, исечен на коцки
- 1 ½ лажичка лук, мелено
- 6 унци шунка стек, варен и исечен на коцки
- 1 лажица Путер, за подмачкување на рамекин
- 6 големи јајца
- 1 чаша Чеда сирење, рендано
- ½ чаша Тежок крем
- 2-3 лажици Свеж млад лук, сецкан
- ½ лажичка кошер сол
- ¼ лажичка црн пипер

ИНСТРУКЦИИ:
a) Загрејте ја рерната на 400 F.

b) Подгответе ги сите ваши состојки. Исечете коцки 6 унци варен стек од шунка, исечете ½ средна главица кромид, иситнете 1 ½ лажичка лук, исечкајте 1 чаша чедар сирење и исечкајте 2-3 лажици свеж власец.

c) Во тава загрејте маслиново масло. Откако ќе се загрее, додадете го кромидот и оставете да се пржи додека не омекне.

d) Откако ќе омекне, додадете лук и продолжете со пржењето додека лукот не порумени.

e) Во сад додадете 6 јајца, ½ шолја дебела павлака, сечканиот млад лук, ½ лажичка сол и ¼ лажичка бибер.

f) Додадете ги сите други состојки, вклучувајќи го кромидот и лукот од тавата.

g) Добро измешајте.

h) Печете во рерна 20 минути или додека не се надуе и малку порумени одозгора.

i) Оставете малку да се излади и послужете!

22. Суфле од фазан

Прави: 4 порции

СОСТОЈКИ:

- 1 чаша варен фазан исечкан на коцки
- 2 јајца, одвоени
- 1 чаша варен бел ориз
- ! в. свежи лебни трошки
- ! в. целер исечкан на коцки
- 1 шолја млеко
- 1 лажичка сол
- 1 лажичка црн пипер
- 1 лажичка мајчина душица

ИНСТРУКЦИИ:

a) Изматете ги жолчките и додајте ги сите состојки освен белките. Изматете ги белките додека не се стегнат и преклопете ги во смесата.

b) Истурете во силно подмачкан рамен сад за печење или квадрат со големина од 8 x 8 инчи.

c) Печете на 350°F околу 30 минути или додека ножот вметнат во центарот не излезе чист.

d) Се сече на квадрати и се сервира со сос од печурки.

23. Суфле со целер и сирење

Прави: 2

СОСТОЈКИ:

- 1¾ чаша целер, излупени и исечени на коцки
- 2 јајца од слободен опсег
- ½ чаша полуобезмастено млеко со 2% маснотии
- 1 лажица пченкарно брашно
- 4 лажици полумасно зрело сирење, рендано
- 2 лажици ситно рендан пармезан
- ¼ лажичка свежо рендано морско оревче
- ¼ лажичка морска сол, поделена
- ¼ лажичка свежо мелен црн пипер
- 2 прскања спреј со маслиново масло

ИНСТРУКЦИИ:

a) Загрејте ја рерната на 170С Вентилатор, 375 F, Gas Mark 5. Подмачкајте ја внатрешноста на 2 огноотпорни рамекини и ставете ги во сад за печење.

b) Излупете го целерот и исечете го на коцки. Додадете го ова и ⅛ лажичка сол во тенџере со врела вода и варете 4-5 минути додека не омекне.

c) Исцедете го целерот и пирето во мини-процесор за храна додека не се изедначи, а потоа префрлете ги во сад.

d) Ако немате мини процесор за храна, едноставно изгмечете го целерот во сад со вилушка додека не се изедначи.

e) Зачинете го целерот со сол, бибер и свежо изрендано морско оревче. Изрендајте го сирењето и измешајте го.

f) Одделете ги јајцата, ставете ги белките во чист сад и ставете ги жолчките во садот со целер.

g) Изматете ги жолчките во пирето од целер и оставете ги на страна.

h) Олабавете го пченкарното брашно со млекото и истурете ја смесата во тенџерето.

i) Загрејте на средна топлина, матејќи цело време, додека сосот не се згусне, а потоа варете уште една минута.

j) Во сосот додадете 5 лажици од смесата со рендано сирење и изматете додека не се растопи. Не грижете се дека вашиот сос е многу погуст од сосот за истурање, овој густ сос е правилната конзистентност за да се направи суфлето.

k) Преклопете го сосот од сирење во смесата со целер.

l) Ставете го котелот на вриење.

m) Со чисто матење изматете ги белките додека не формираат цврсти врвови, но не претепајте.

n) Белката треба да биде цврста, а врвовите да ја задржат својата форма без да остане течна бела боја.

o) Користете шпатула или метална лажица и преклопете 1 лажица во смесата со целер за да ја олесните.

p) Потоа додадете половина од преостанатата белка од јајце во смесата со целер.

q) Со лесен допир, брзо преклопете го, пресечете ја смесата и превртувајте ја, додека сѐ не се соедини добро, но сепак лесно и воздушно.

r) Повторете со преостанатата изматена белка. Истурете ја смесата рамномерно помеѓу подготвените рамекини и посипете го со преостанатото рендано сирење.

s) Ставете ги рамекините во садот за печење и внимателно истурете околу 2,5 cm/1" врела вода во садот за печење, внимавајќи да не ги прскате рамекините.

t) Ставете ја во рерна и варете 20-25 минути додека суфлеата не нараснат добро и не порумнат.

u) Послужете директно од рамекин и јадете веднаш!

24. Суфле од спанаќ

Прави: 4 порции

СОСТОЈКИ:
- 4 лажици маслиново масло
- 1 средно жолт кромид, мелено
- 4 шолји свеж бебешки спанаќ
- Сол и свежо мелен црн пипер
- 1 фунта цврсто тофу, исцедено
- 1 шолја универзално брашно
- 1 лажичка прашок за пециво
- 1 чаша супа од зеленчук
- 2 лажици соја сос

ИНСТРУКЦИИ:
а) Загрејте ја рерната на 350°F. Лесно подмачкајте тепсија од 3 литри или кружен сад за печење и оставете го на страна. Во голема тава, загрејте 1 лажица масло на средна топлина.

b) Додадете го кромидот, покријте и варете додека не омекне, околу 10 минути. Промешајте го спанаќот и зачинете со сол и бибер по вкус.

c) Покријте и варете додека спанаќот не овене, околу 3 минути. Стави на страна.

d) Во процесор за храна, измешајте го тофуто и смесата од кромид и спанаќ и обработете додека не се изедначат.

e) Додадете го брашното, прашокот за пециво, супата, соја сосот и преостанатите 3 лажици масло и обработете додека не се изедначи.

f) Истурете ја смесата во подготвената тепсија и печете додека не се стегне, околу 60 минути.

g) Послужете веднаш со парчиња портокал.

25. Суфле со зелена репка

Прави: 1 Суфле

СОСТОЈКИ:
- 3 лажици пармезан сирење; рендан
- 2 медиуми Цвекло; варен и излупен
- 2 лажици Путер
- 2 лажици Брашно
- ¾ чаша пилешка супа; жешко
- 1 чаша зелена репка; соте
- ½ чаша Чеда сирење; рендан
- 3 жолчки од јајца
- 4 Белки од јајца

ИНСТРУКЦИИ:
a) Намачкајте со путер 1 т. Суфле јадење; посипете со пармезан. Вареното цвекло исечкајте го и со нив обложете го дното на садот за суфле.

b) Во мало тенџере растопете го путерот, измешајте го брашното, додајте ја врелата супа и продолжете да готвите малку да згусне, па префрлете го во поголем сад. Крупно исечкајте ја зелената репка и додадете ја во сосот заедно со сирењето Чедар.

c) Во посебен сад изматете ги жолчките; измешајте ги со смесата со зелена репка. Изматете ги белките додека не формираат врвови. Свиткајте во сад со други состојки; добро измешајте. Префрлете ги сите во сад за суфле подмачкан со путер. Посипете со пармезан.

d) Печете на 350 F. 30 минути или додека Суфлето не се надуе и порумени.

26. Монтереј Џек Суфле

Сочинува: 12

СОСТОЈКИ:
- 1 фунта колбас, варен
- 2 чаши Сирење Монтереј Џек рендано
- 3 шолји Чеда Сирење остро, рендано
- 1 шолја сирење Моцарела рендано
- ½ шолја млеко
- 1 ½ шолја брашно
- 1 ½ чаши урда
- 9 Јајца лесно изматени
- ⅓ Чаша путер стопен
- 1 Can Green Chiles мали, исечени на коцки

ИНСТРУКЦИИ:
a) Намачкајте ½ од стопениот путер во тавче 9x13.

b) Во поголем сад измешајте ги останатите состојки и добро промешајте.

c) Истурете во тавче со димензии 9x13.

d) Печете на 375 50 минути или додека не порумен и вметнатиот нож не излезе чист.

27. Суфле од цвекло со рен

Сочинува: 6

СОСТОЈКИ:
SOUFFLÉ
- 300 гр цвекло, извадени стебленца
- 1 лажичка масло
- 30 гр путер, плус 15 гр за подмачкување
- 1-2 лажици суви бели презла
- 30 гр обично брашно
- 300 мл млеко
- 4 јајца, одвоени

РЕН И КРЕМ ФРАИШЕ
- 100 гр крема со малку маснотии
- 1 ½ лажица крем рен
- 1 лимон, исцеден

ИНСТРУКЦИИ:
a) Загрејте ја рерната на 200°C/ознака за гас 6. Поединечно завиткајте го цвеклото во фолија, наросете го маслото и печете 1 час или додека не омекне кога ќе ставите ражен.

b) Во меѓувреме, соединете ги состојките за кремот од рен и лимон и зачинете по вкус. Оставете го во фрижидер за да се развијат вкусовите.

c) Растопете 15 грама путер и премачкајте го со четка околу внатрешноста на 6 поединечни рамекини. Намачкајте ги лебните трошки во секоја и навалете така што дното и страните се премачкани.

d) Откако ќе се испече цвеклото, оставете го да се излади 10 минути, а потоа извадете ги лушпите. Ставете го цвеклото во блендер и измешајте додека не се изедначи.

e) Вклучете ја рерната на 220°C/ознака за гас 8 и ставете ја тавата за печење на долната третина од рерната.

f) Во мало тенџере растопете ги 30 грама путер, а потоа додадете го брашното и варете 1 минута. Се трга од оган и се додава малку млеко, па се промешува. Продолжете да го додавате млекото многу постепено за да не се формираат грутки, потоа повторно ставете го на оган, оставете да зоврие и варете 2 минути. Истурете го во голем сад и оставете малку да се излади пред да ги додадете пасираните цвекло и жолчките. Зачинете по вкус.

g) Изматете ги белките до средни/цврсти врвови. Третина од белките промешајте ја низ смесата со цвекло со помош на голема метална лажица за да ја олабавите, а потоа додадете ги преостанатите белки. Преклопете ги многу внимателно за да задржите што поголем волумен.

h) Оваа смеса внимателно префрлете ја во подготвените рамекини и ставете ја на претходно загреаниот плех. Гответе 35-40 минути, а потоа послужете со кремот од рен и лимон.

28. Суфле од пченка

Прави: 6 порции

СОСТОЈКИ:
1 чаша Жолто пченкарно брашно
3 лажички прашок за пециво
½ лажичка Сол
½ пивца кисела павлака
1 конзерва (15-16 мл.) пченка во крем стил
¾ чаша Весон масло (може да се користи помалку)
2 јајца, изматени со вилушка
1 мало зелено чили од Can Ortega, исечено на коцки Многу рендано сирење Тиламук

Измешајте ги состојките во тепсија длабока три инчи. Одозгора со рендано сирење. Печете непокриено во загреана рерна на 375 степени 45 минути.

29. Суфле со ракчиња

Принос: 6 порции

Измерете ја состојката
- ½ фунти Варени ракчиња
- 3 парчиња Свеж корен од ѓумбир
- 1 лажица Шери
- 1 лажичка соја сос
- 6 Белки од јајца
- ½ лажичка Сол
- 4 лажици Масло
- 1 цртичка Бибер

a) Готвените ракчиња на коцки и иситнете го коренот од ѓумбир; потоа се комбинираат со шери и соја сос.
b) Изматете ги белките, со солта, додека не станат пенести и цврсти, но не и суви. Свиткајте во смесата со ракчиња.
c) Загрејте масло до пушење. Додадете ја смесата од ракчиња и јајца и варете на средно висока температура, постојано мешајќи додека јајцата не почнат да се стегаат (3 до 4 минути).

30. Суфле со пченка од Чиле

Прави: 6 порции

СОСТОЈКИ:

- ¼ чаша путер или маргарин
- ¼ чаша Брашно
- 1 лажичка Сол
- ¼ лажичка црн пипер
- ½ лажичка пиперка
- 1 шолја Млеко
- 4 јајца; разделени
- 2 унци Конзервирани зелени чили исечени на коцки
- 1 чаша Мелени свежи зрна од пченка

ИНСТРУКЦИИ:

a) Се топи путерот и се меша со брашно, сол, бибер и пиперка. Додадете млеко и варете и мешајте додека не се згусне.

b) Изматете ги лесно жолчките, додадете мала количина лут сос, измешајте и вратете ја смесата во лутиот сос.

c) Гответе, мешајќи, неколку минути. Исцедете ги чилите и додајте ги во сосот. Промешајте со пченка.

d) Изматете ги белките додека не се стегнат, но сепак влажни. Преклопете ⅓ белки во смесата од пченка, добро измешајте. Лесно преклопете ги преостанатите белки.

e) Претворете го во немрсен сад за суфле од 1 литар или тепсија со права страна.

f) Ставете го во тава со топла вода и печете на 350 F околу 50 минути.

31. Суфле со пченка за повлекување на Бонапарта

Прави: 4 порции

СОСТОЈКИ:

- 2 чаши пченка со цело зрно
- 1 шолја Млеко
- 2 јајца, изматени
- 1 лажичка Сол
- 2 лажици Путер
- 2 лажици Брашно
- 2 лажици Шеќер

ИНСТРУКЦИИ:

a) Загрејте ја рерната на 350.
b) Соедините ги сите состојки во огноотпорен сад, добро измешајте. Се пече на 350 степени 30 мин.
c) Мешајте повремено.

32. Суфле со пудинг од леб

Прави: 1 порција

СОСТОЈКИ:

- 2½ шолја Пудинг од леб; кул
- ¾ чаша Шеќер
- цртичка морско оревче
- 1 чаша Шеќер
- 8 лажици путер; омекнат
- 5 јајца; претепан
- 1 пинта Тешка крема
- цртичка Цимет
- Путер
- 6 Белки од јајца
- цртичка морско оревче
- 1 лажица Ванила
- ¼ чаша суво грозје
- 12 парчиња свеж француски леб; Дебелина од 1 инч

ИНСТРУКЦИИ:

a) СУФЛЕ-Во миксер полека се матат белките. Додадете шеќер со постојано матење додека меренката не застане на врвот. Нежно преклопете ги белките и морското оревче во смесата за пудинг од леб.

b) На дното на садот за суфле притиснете путер и премачкајте го со шеќер. Наполнете го садот со смесата од меринг и леб за пудинг до висок врв. Се пече на 350~ во загреана рерна.

c) Извадете го кога суфлето е златно кафеаво. Послужете со сос од бурбон.

d) ПУДИНГ ЗА ЛЕБ-Загрејте ја рерната на 350~. Во голем сад, крем заедно со шеќер и путер. Додадете јајца, павлака, цимет, ванила, суво грозје, добро измешајте. Истурете во квадратна тава од 9", длабока 1-¾". Ставете ја тавата во поголема тава наполнета со вода ½" одозгора. Покријте со алуминиумска фолија.

e) Печете 45 до 50 минути. Открите го пудингот последните 10 минути за да се зарумени врвот. Кога ќе завршите, кремот треба да биде мек, а не цврст.

33. Суфле од брокула

Прави: 8 порции

СОСТОЈКИ:

- 2 пакувања Замрзната брокула; (по 10 унци)
- 3 јајца
- Сол и бибер по вкус
- 1 лажица мешавина од супа од кромид
- ½ чаша мајонез
- Маст за тавата
- 2 лажици Маца оброк, поделени

ИНСТРУКЦИИ:

a) Гответе ја брокулата според упатствата на пакувањето. Исцедете го темелно.

b) Стави на страна. Во сад за матење убаво изматете ги јајцата со мешавината од сол, бибер и супа од кромид; мајонезот и продолжете со матење додека убаво не се соедини. Промешајте ја сварената брокула. Подмачкајте тава за печење 7 x 11½". Посипете малку со 1 лажица од оброкот од маца. Во тавата истурете брокула и одозгора посипете ја со преостанатиот оброк од маца.

c) Печете на 350 40-50 минути или додека врвот не порумени.

34. Суфле со чили сирење

Прави: 4 порции

СОСТОЈКИ:

- 4 лажици Несолен путер; омекнат
- 4 лажици просеано универзално брашно
- 1 чаша топло млеко
- 1 чаша Остро чедар сирење
- 2 лажици Исечени свежи халапено
- ¼ шолја сечкан кромид
- ½ лажичка Сол
- ½ лажичка Свежо мелен црн пипер
- 5 јајца; разделени

ИНСТРУКЦИИ:

a) Загрејте ја рерната на 375 степени. Подмачкајте со путер суфле од 1 ½ литар.

b) Во тенџере со дебело дно ставете го млекото да зоврие, внимавајте да не се изгори или да зоврие. Тргнете од оган и резервирајте.

c) Во второ тенџере растопете го путерот на тивок оган. Додадете го брашното мешајќи со дрвена лажица додека целосно не се соедини.

d) Истурете ⅓ од млекото во смесата со путер и со помош на жица за матење, вметнете го целосно пред да го додадете преостанатото млеко. Кога ќе се додаде целото млеко, продолжете со готвење на тивок оган 5 минути. Додадете го сирењето во смесата со врело млеко, внимателно мешајќи.

e) Не дозволувајте смесата да зоврие или сирењето ќе се одвои. Измешајте го халапеното, солта и биберот и тргнете го од оган. Оставете ја течноста да се излади 5 минути, додадете неколку лажици течност во жолчките и измешајте ги заедно. Потоа полека додајте ги жолчките во смесата со сирење и млеко, мешајќи со дрвена лажица.

f) Префрлете ја смесата во сад за матење и оставете да се
    излади целосно пред да го завршите суфлето. Во сад за
    матење изматете ги белките до цврсти врвови.

g) Преклопете ⅓ од изматените белки во смесата со сирење и
    потоа внимателно преклопете ги преостанатите белки,
    внимавајќи да не се издува белките.

h) Истурете ја смесата со суфле во садот за суфле и печете 45
    минути. Послужете веднаш.

35. Суфле од порцин со сос и масло од бел тартуф

Прави: 8 порции

СОСТОЈКИ:
- 1½ унца Сушени порцини или шитаке печурки
- 2 чаши врела вода
- 1 лажица маслиново масло плус
- 2 лажички маслиново масло
- 2 лажици рендан пармезан
- 3 чешниња лук; мелено
- 1 Шалот; мелено
- ¼ чаша пченкарен скроб
- 1 лажичка Сол
- 6 Белки од јајца
- ¼ лажичка Крем забен камен
- 2 лажици масло од бел тартуф; изборен

КРЕМ СОС ПАРМЕЗАН
- 1 чешне лук; преполовен
- 1 лажица путер
- 1 лажица Брашно
- 1 шолја Млеко
- ¼ чаша рендан пармезан

ИНСТРУКЦИИ:
a) Во помал сад ставете ги сувите печурки. Прелијте со врела вода и оставете ги да киснат 20 минути. Исцедете ги печурките, резервирајте ја течноста за натопување. Процедете ја течноста преку газа.

b) Обработете ги печурките во процесор за храна или блендер додека парчињата не бидат со големина на снегулки црвен пипер.

c) Подмачкајте го садот за суфле со 2 лажички маслиново масло.

d) Јадењето посипете го со пармезан како да го посипете со брашно. Загрејте ја преостанатата 1 лажица маслиново масло на средно-тивок оган во мала тава.

e) Додадете лук и лук и варете, често мешајќи, додека не омекне и ароматизира, 3 до 5 минути. Додадете пченкарен скроб и постепено изматете во 1½ шолја резервирана течност од порцини, надополнувајќи ја разликата со вода доколку е потребно. Подигнете ја топлината на средно-висока и доведете ја до течност да зоврие, постојано мешајќи. Се вари додека не се згусне, околу 3 минути. Ставете ја смесата во голем сад.

f) Додадете печурки и сол. Оставете ја смесата да се излади на собна температура. Изматете ги белките и кремот од забен камен до крути врвови. Свиткајте ¼ од изматените белки во смесата со печурки.

g) Преклопете го остатокот од изматените белки. Со лажица се става во сад за суфле и се пече на 325 степени додека тенкиот метален тестер или чепкалка за заби не излезе чист, околу 1 час. Во меѓувреме направете пармезан

h) Крем сос: истријте мало тавче со исечени рабови од чешне лук. Оставете каранфилче во тава. Додадете путер и стопете на тивок оган.

i) Промешајте со брашно и варете 3 до 5 минути на многу тивок оган. Промешајте во млеко; доведете до вриење. Се трга од оган и се додава сирењето, мешајќи додека не се растопи.

j) Послужете го суфлето веднаш, прелијте ја секоја порција со крем сос од пармезан и 1 лажичка масло од бел тартуф.

36. Суфле Рататуј и шевр

Прави: 1 Суфле

СОСТОЈКИ:
2 лажици Маслиново масло
1½ чаша неизлупен модар патлиџан исечкан на коцки
2 чешниња лук; мелено
½ слатка црвена пиперка; со јадро, семе и исечкано на коцки
3 филети од аншоа ситно сецкани
2 лажици Ситно сечкани сушени домати, спакувани во масло
1 лажичка Мелен свеж рузмарин или
¼ лажичка сушен рузмарин плус дополнително за украсување
3 лажици Несолен путер
¼ чаша Небелено брашно за сите намени
1 ½ чаша Млеко
6 жолчки од јајца
6 унци Меки благи шеври, како што е Монтраше
Сол и црн пипер; по вкус
8 белки од јајца; на собна температура.
¼ лажичка Крем забен камен

ИНСТРУКЦИИ:
Загрејте масло во тавче на средна висока температура. Додадете модар патлиџан и лук и пржете 5 минути. Додадете црвен пипер и пржете уште 5 минути. Додадете аншоа и домати; пржете уште 1 минута. Промешајте во 1 лажиче. рузмарин и оставете го на страна.

Се топи путерот во тежок тенџере со средна големина на средна топлина. Кога путерот ќе почне да пени, додадете брашно и варете со постојано мешање 1 минута. Постепено промешајте во млекото и варете со постојано мешање додека не се изедначи и густо.

Се трга од оган и се додаваат жолчките, една по една, убаво изматувајќи по секое додавање. Додадете 4 унци шевр и мешајте додека не се стопи сирењето. Загрејте го сосот кратко на тивок оган ако не е доволно топол за да се стопи кашкавалот. Измешајте ја смесата со модар патлиџан, зачинете со сол и бибер и оставете ја на страна. Подмачкајте со путер суфле од 2 литри.

Во сад за миксер се матат белките и прстофат сол додека не станат пени.

Посипете со крем забен камен и продолжете со матење додека белките едвај не се здрват и не застанат во меки врвови. Не претепајте, бидејќи не треба да бидат суви. Нежно преклопете ги белките во основата за суфле.

Нежно истурете го тестото во подготвеното јадење. Одозгора посипете го со преостанатиот шевр и дополнителен рузмарин.

Печете на 400 F. додека не се надуе добро и златно, 30 до 40 минути. Послужете веднаш.

37. Суфле со бриселско зелје

Прави: 2 порции

СОСТОЈКИ:

- 2 Раце полни со Брисел
- Никулци
- 2 домати
- 1 кромид, ситно сецкан
- 1 лажичка говедска супа, инстант
- 6 унци рендано сирење
- Бибер
- Солта
- Морско оревче
- Паприка
- Кајен пипер

ИНСТРУКЦИИ:

a) Покријте ги бриселските зелки со вода и зачинете со сол, бибер и морско оревче. Ставете во микробранова печка и гответе на високо ниво 7 минути.

b) Меленото говедско месо измешајте го со сол, бибер, пиперка, кајен пипер и кромид.

c) Пржете на малку масло додека се убаво не се ронки; додадете ги излупените домати исечкани на коцки. Намалете ја топлината на минимум и додадете инстант супа кога сокот од домати ќе испари доволно.

d) Во суфле ставете ги бриселските зелје и смесата од месо и одозгора посипете го сирењето.

e) Печете во загреана рерна на 200 C 15 минути, додека сирењето не почне да порумени.

38. Суфле со тепсија Huevos ranchero

Прави: 12 порции

СОСТОЈКИ:

1 ½ лажица несолен путер; омекнат

6 пиперки, долги околу 6 инчи

12 јајца; разделени

4 чаши Рендано сирење Чедар

2 чаши Свежи или замрзнати зрна од пченка

1 шолја Млеко

Отстранети и мелени 2 семки и мембрани пиперки халапено

1 лажичка Сол; или по вкус

Свежо мелен црн пипер

6 чаши Купена или домашна салса загреана

ИНСТРУКЦИИ:

ГРЕЕТЕ ЈА рерната на 450 F. Подмачкајте со путер стаклена или земјена тепсија отпорна на рерна од 9 на 13 инчи. Направете засек по должината на секоја пиперка и извадете ги стеблото, семките и мембраните, одржувајќи ги пиперките цели. Наполнете тенџере или тавче со средна големина со вода до половина и доведете го до вриење. Додадете ги пиперките, оставете ја водата да зоврие и варете додека не омекнат пиперките, околу 3 минути. Извадете ги и извалкајте ги многу суви со хартиени крпи. Оставете ги целосно да се изладат и потоа обложете го дното на тепсијата со нив.

Одделете ги јајцата во 2 големи чинии. Изматете ги жолчките додека не се изедначат, а потоа измешајте ги сирењето, пченката, млекото, пиперките халапено и солта и црниот пипер. Изматете ги белките додека не се формираат меки врвови, а потоа преклопете ги во смесата со жолчки, нежно мешајте додека речиси не се измешаат.

Истурете ја смесата во подготвениот сад и префрлете ја на средната решетка од загреаната рерна. Печете само додека јајцата не се надујат, а горниот дел не се зарумени, околу 7 минути. Намалете ја топлината на 325 F и продолжете со готвењето додека јајцата не се испечат, но не се исушат, 22 до 25 минути. Тестирајте со вметнување нож во центарот. Треба да излезе речиси чист. Извадете ја тавата и оставете ја да отстои неколку минути пред да ја исечете тепсијата на 12 правоаголници. Секоја порција послужете ја со малку салса со лажица одозгора.

39. Суфле од јаболко-ориз

Прави: 4 порции

СОСТОЈКИ:

- ¾ чаша ориз збогатен со екстра долго зрно
- 1 секое јајце, одвоено или две јајца
- белците
- 1 лажица мед
- кора од лимон од 1/2 лимон
- 1 секое јаболко, излупено и исечено на коцки
- ¼ чаша суво грозје
- ¼ лажичка екстракт од ванила, рум или ракија

ИНСТРУКЦИИ:

a) Доведете големо тенџере со вода да зоврие.

b) Додадете го оризот и варете на средно-тивок оган 14 минути или додека не омекне.

c) Исцедете го и кратко исплакнете со ладна вода. Стави на страна.

d) Во помал сад ставете 1 од белките и изматете со електрична смеса додека не се стегнат.

e) Ставете го јаремот (или преостанатото бело) во голем сад.

f) Додадете ги медот и кората од лимон.

g) Матете со електричен миксер околу 3 минути.

h) Преклопете ги оризот, јаболкото, сувото грозје и извлечете.

i) Преклопете ја изматената белка. премачкајте 1½ квар тепсија со нелеплив спреј.

j) Додадете ја смесата со ориз.

k) Печете на 350f 25-30 минути или додека не се стегне.

l) Послужете ги топли или ладни.

40. Салата од пилешко суфле

Прави: 6 порции

СОСТОЈКИ:

- 1 секое пакување од 3 унца ge1atin со вкус на лимон
- 1 чаша Топла вода
- ½ шолја ладна вода
- ½ чаша мајонез
- 2 лажици сок од лимон, свеж, замрзнат или конзервиран
- 1¼ лажичка сол 70-ти
- цртичка Бибер
- 1 ½ чаша Исечено, варено пилешко
- ½ чаша целер ситно исечен на коцки
- ⅓ чаша Потпечени, исечени бланширани бадеми
- ¼ шолја Исечен пимиенто
- ¼ чаша сецкан зелен пипер
- 1 лажичка рендан кромид

ИНСТРУКЦИИ:

a) Растворете желатин во топла вода. Додадете ладна вода, мајонез, сок од лимон, сол и бибер.

b) Се матат со електричен или ротационен мат се додека не се изедначат. Истурете во плех за фрижидер.

c) Брзо ладете во единицата за замрзнување 15 до 20 минути или додека не се стегне на околу 1 инч од работ, но меко во центарот. Претворете ги во сад и матете додека не помати. Преклопете ги останатите состојки.

d) Ставете го во тавче за леб со димензии 8½ x 4 ½ x 2 ½ инчи. Оладете додека не се стегне. Расклопете на креветот од кадрава ендива. Врвот украсете го со новогодишна елка од парчиња пимиенто.

41. Суфле со макарони

Прави: 5 порции

СОСТОЈКИ:
18 унци макарони
3 унци Гауда сирење
18 унци мелено говедско месо
1 кромид
1 конзерва Исчистени домати, мали
1 пакување бел сос

ИНСТРУКЦИИ:
Гответе ги тестенините според упатствата. 2.Пржете го месото со исечканиот кромид и доматното пире во тава додека месото не се ронки. Зачинете со сол и бибер по вкус. 3. Подмачкајте тавче за суфле и во него наизменично измешајте тестенини и месо. 4. Направете го сосот според упатствата и прелијте го. 5. Печете во рерна на 200 степени 30 минути.

42. Суфле со тестенини и печурки

Прави: 4 порции

СОСТОЈКИ:
- Тестенини од 9 унци
- 18 унци мелено говедско месо
- 1 конзерва печурки
- 7 домати
- 1 праз
- 1 пакување американски парчиња сирење
- 1 пакување Парчиња сирење Ементал
- 4 Јајца
- 15 унци крем
- Замрзнат млад кромид по вкус
- 1 чешне лук

ИНСТРУКЦИИ:
a) Печурките, празот и доматите исечкајте ги на кришки.
b) Гответе тестенини во солена вода според упатствата.
c) На масло кратко пропржете го меленото месо со празот и печурките, зачинете со сол, бибер и лук.
d) Земете тавче за суфле и ставете го на следниов начин; тестенини, домати, сирење, тестенини, домати, сирење.
e) Формуларот треба да биде полн само ¾.
f) Измешајте ги јајцата, павлаката, младото кромидче, биберот и солта и прелијте ги рамномерно. Се пече во загреана рерна на 200-220 С 45-50 минути.

43. <u>Суфле од артишок и остриги</u>

Прави: 4 порции

СОСТОЈКИ:

- 4 средни артишок
- 1 среден лимон, преполовен
- Основа за суфле од остриги
- Сос од остриги

ИНСТРУКЦИИ:

a) Исечете ги артичоките и исечете ги краевите со лимон.

b) Ставете ги артичоките во зовриена солена вода и варете ги 30 минути или додека дното не биде само меко и листот не се извлече со само мал отпор.

c) Извадете го чокот од водата, повторно формирајте го свариениот артишок и наполнете го со подлогата за суфле.

d) Загрејте ја рерната на 375 F.

e) Печете 20 минути или додека суфлето не се издува и зарумени.

f) Послужете прелиен со сос од остриги.

44. Суфле од аспарагус

Прави: 4 порции

СОСТОЈКИ:
¼ чаша путер или маргарин
¼ чаша Брашно
¼ лажичка Сол
⅛ лажичка бибер
1 шолја Млеко
4 јајца; разделени
1 чаша варен ситно сецкан аспарагус; добро исцедена

ИНСТРУКЦИИ:
Со путер, брашно и млеко, направете мазен сос. Се трга од оган и се додаваат жолчките, се блендира. Промешајте во аспарагус. Изматете ги белките додека не се стегнат; внимателно преклопете во смесата. Печете во подмачкан сад за печење од 2 литри (право) во загреана рерна 30-40 минути на 375 степени, или додека не се надува и не се стави ножот да излезе чист. Послужете оеднаш. Прави 4 порции. Друг зеленчук може да биде заменет за аспарагусот.

45. Суфле со салата од авокадо

Прави: 12 порции

СОСТОЈКИ:

- 1 пакување (3 oz) вар желатин
- 1 чаша Топла вода
- 1 конзерва (20 oz) мелени ананас; исцедена; резервен сок
- 1 чаша сечкано авокадо
- ½ чаша сецкани пекани
- 2 лажици Сок од лимон
- ½ чаша мајонез
- ½ чаша крем; Избришан
- 1 прстофат Сол

ИНСТРУКЦИИ:

a) Растворете желатин во топла вода; нека се излади.
b) Додадете сок од лимон, сок од ананас, мајонез и сол.
c) Добро измешајте во миксер и оставете да се излади додека не се згусне.
d) Истурете во калапи за мраз во замрзнувач неколку минути.
e) Претворете во сад за мешање; матете додека не помати. Свиткајте во крем, авокадо, ореви и ананас.
f) Истурете во калапи.

46. Суфле со зелена репка

Прави: 1 суфле

СОСТОЈКИ:
3 лажици пармезан сирење; рендан
2 медиуми Цвекло; варен и излупен
2 лажици Путер
2 лажици Брашно
¾ чаша пилешка супа; жешко
1 чаша зелена репка; соте
½ чаша Чеда сирење; рендан
3 жолчки од јајца
4 Белки од јајца

ИНСТРУКЦИИ:
Намачкајте со путер 1 т. Суфле јадење; посипете со пармезан. Вареното цвекло исечкајте го и со нив обложете го дното на садот за суфле.

Во мало тенџере растопете го путерот, измешајте го брашното, додадете ја врелата супа и продолжете да готвите малку да згусне, па префрлете го во поголем сад. Крупно исечкајте ја зелената репка и додадете ја во сосот заедно со сирењето Чедар.

Во посебен сад изматете ги жолчките; измешајте ги со смесата со зелена репка. Изматете ги белките додека не формираат врвови. Преклопете во сад со други состојки; добро измешајте. Префрлете ги сите во сад за суфле со путер. Посипете со пармезан.

Печете на 350 F. 30 минути или додека суфлето не се надуе и порумени.

47. Суфле од тиквички од путер

Прави: 8 порции

СОСТОЈКИ:

- 2 чаши тиквички од путер, варени и испасирани
- 1 шолја Млеко
- 1 стапче маргарин
- 1 чаша Шеќер
- 3 јајца
- Ароматизирање по желба

ИНСТРУКЦИИ:

a) Измешајте ги сите состојки и ставете ги во сад за печење. Гответе на 350°F. за 40 минути.

b) Промешајте еднаш за време на печењето.

ДЕСЕРТ

48. Суфле со чоколаден облак

Прави: 5 порции

СОСТОЈКИ:

- ⅓ чаша Лесен крем 3 жолчки
- 1 секое пакување од 3 унца Dash сол
- Крем сирење 3 белки
- ½ чаша полуслатко
- Чоколадни парчиња
- 3 лажици Просеани
- Преработен шеќер

ИНСТРУКЦИИ:

a) Измешајте крем и крем сирење на многу тивок оган. Додадете парчиња чоколада; загрејте и мешајте додека не се растопи. Кул. Изматете ги жолчките и солта да се згуснат и да добијат лимонска боја. Постепено измешајте во чоколадната смеса. Изматете ги белките додека не се формираат меки врвови.

b) Постепено додавајте шеќер, матејќи до крути врвови; преклопете ја чоколадната смеса. Истурете во немрсен сад за суфле или тепсија од 1 литар.

c) Печете во бавна рерна на 300 степени 45 минути или додека вметнатиот нож не излезе чист.

49. Чоколадна суфле торта

Прави: 8 порции

СОСТОЈКИ:
- Нелепливо растително масло
- Спреј
- 14 лажици Шеќер
- ⅔ шолја Ореви -- препечени
- ½ чаша незасладено какао во прав
- 3 лажици Растително масло
- 8 големи белки од јајца
- 1 прстофат Сол
- Шеќер во прав

ИНСТРУКЦИИ:
a) Намачкајте ја тавата и хартијата со спреј со растително масло.

b) Посипете ја тавата со 2 лажици шеќер. Во процесор ситно мелете јаткасти плодови со 2 лажици шеќер.

c) Префрлете ја смесата со ореви во голем сад. Измешајте 10 лажици шеќер и какао, па масло.

d) Со електричен миксер изматете ги белките и солта во голем сад додека не се формираат меки врвови. Свиткајте ги белките во смесата со какао во 3 додатоци.

e) Лажица тесто во подготвената тава; мазен врв.

f) Печете додека колачот не издува и тестерот вметнат во центарот не излезе со закачени влажни трошки, околу 30 минути.

50. Суфле од јагоди

Сочинува: 6

СОСТОЈКИ:
- 18 унци свежи јагоди, излупени и исчистени со пире
- ⅓ чаша суров мед
- 5 органски белки од јајца
- 4 лажички свеж сок од лимон

ИНСТРУКЦИИ:
a) Загрејте ја рерната на 350ºF.

b) Во сад измешајте го пирето од јагоди, 3 супени лажици мед, 2 протеини и сокот од лимон и пулсирајте додека не помати и светли.

c) Во друг сад додадете ги останатите протеини и матете додека не помати.

d) Се меша со преостанатиот мед.

e) Нежно измешајте ги протеините во смесата со јагоди.

f) Префрлете ја смесата рамномерно во 6 рамекини и на плех.

g) Гответе околу 10-12 минути.

h) Извадете го од рерна и послужете веднаш.

51. Украинско суфле од зелка на пареа

Прави: 8 порции
СОСТОЈКИ:
- По 1 Зелка, голема, со надворешни листови непроменети
- По 1 кромид, голем, мелено
- 4 лажици путер
- 1 ½ лажичка Сол
- ¾ чаша Млеко
- ½ лажичка снегулки црвена пиперка
- 1 лажичка бел пипер
- 1 лажичка риган
- 3 жолчки од јајца
- 5 Белки од јајца
- 1 лажичка Шеќер
- ½ секое чешне лук, мелено

ИНСТРУКЦИИ:

a) Jaдро зелка и отстранете ги надворешните листови. Бланширајте ги овие големи надворешни листови во врела вода 5 минути. Исцедете ги и оставете ги на страна. Излупете ја зелката, исечете ја на коцки и ставете ја во големо тенџере.

b) Прелијте го млекото врз зелката и динстајте 25 минути или додека зелката не омекне. На путер издинстајте ги кромидот и лукот.

c) Измешајте ја сечканата зелка, кромидот и лукот, путерот од пржењето, лебните трошки, жолчките и зачините.

d) Изматете ги белките додека не се здрват, но не се исушат, па свиткајте ги во смесата. Распоредете ги бланшираните листови зелка на голема газа.

e) Натрупајте ја смесата за полнење во центарот на листовите.

f) Свиткајте ги листовите нагоре за да се покрие филот. Соединете ги аглите на газата и врзете ги со врвка.

g) Ставете го овој пакет внимателно во сито и ставете го ситото во длабок тенџере над неколку инчи вода.

h) Покријте го садот за да се запечати.

i) Оставете го тенџерето да зоврие и варете 45 минути.

j) До газата, превртете ја и извадете ја газата.

k) Послужете така што суфлето ќе го исечете на коцки.

52. Суфле од кајсии и ф'стаци

Забелешки: 6 - 8

СОСТОЈКИ:
- 3 лажици путер
- 4 лажици Брашно
- 1 ½ чаша Млеко
- 6 жолчки од јајца
- 8 Белки од јајца
- штипнете Сол
- ⅛ лажичка Крем забен камен
- ½ Џем од кајсии и ананас
- ½ Џем од кајсии и ананас
- ¼ лажичка екстракт од бадем
- 2 Екстракт од бадем
- шлаг
- суви кајсии, натопени
- излупени ф'стаци
- ракија од кајсија
- преработен шеќер
- Мелени ф'стаци

ИНСТРУКЦИИ:
a) Загрејте ја рерната на 400-F.

b) Растопете го путерот и додадете го брашното. Додадете го млекото постепено мешајќи со жица за да добиете густ мазен сос.

c) Додадете го шеќерот. Се трга од оган и се додаваат жолчките една по една.

d) Додадете го екстрактот од бадеми, исцедените, сечкани кајсии, ф'стаците и по желба ракијата. Изматете ги белките, со прстофат сол и кремот од забен камен, додека не се стегнат.

e) Свиткајте ја смесата од кајсии и ставете со лажица во сад за суфле подмачкан со путер и шеќер од 6 шолји. Ставете го суфлето во рерната и веднаш намалете ја топлината на 375 F. Печете 25 минути.

53. Суфле од невен

Прави: 4 порции

СОСТОЈКИ:

- 1 лажица путер
- 2 лажици пармезан
- 6 Јајца
- ½ чаша Пола и половина
- ¼ чаша рендан пармезан
- 1 лажичка Подготвен сенф
- ½ лажичка Сол
- ½ лажичка Cayenne
- 1 цртичка морско оревче
- ½ фунти остар чедар; се сече на мали парчиња
- 10 унци крем сирење; се сече на мали парчиња
- ½ чаша ливчиња од календула

ИНСТРУКЦИИ:

a) Намачкајте путер во сад за суфле од 5 шолји. Посипете ги со 2-те лажици пармезан.

b) Изматете ги јајцата, ¼ чаша пармезан, половина и половина, сенфот, солта, кајенот и морското оревче во блендер додека не се изедначи. Додека моторот сѐ уште работи, додадете го Чедар дел по дел, па крем сирењето. Истурете во готовиот сад и измешајте ги ливчињата од невен.

c) Печете 45 до 50 минути на 375 F, или додека горниот дел не стане златно кафеав и малку испукан. Послужете веднаш, украсувајќи со повеќе цветови од невен.

54. Суфле со паднат лимон

Прави: 1 порција

СОСТОЈКИ:
- 3 големи јајца; разделени
- 3 лажици Шеќер
- 1 ½ лажица обично брашно
- 2 лажички растопен путер
- 100 мл свеж сок од лимон
- 1 лажица кора од лимон
- 190 ml млеко
- 2 лажички стопен путер; екстра
- 3 лажици Шеќер; екстра
- Свежи листови од нане
- Купен шербет или сладолед

ИНСТРУКЦИИ:
a) Загрејте ја рерната на 180с. и путер шест суфле јадења.

b) Посипете ги со дополнителниот шеќер и оставете ги на страна.

c) Изматете ги жолчките и шеќерот додека не станат густи и кремасти, потоа додадете ги брашното и путерот и продолжете со матење додека шеќерот не се раствори добро.

d) Измешајте ги сокот од лимон, кората од лимон и млекото и изматете додека тестото не се изедначи.

e) Во посебен сад изматете ги белките додека не станат „пени", а потоа продолжете со матењето додека го додавате шеќерот. Изматете со голема брзина додека белките не станат крути и сјајни.

f) Свиткајте ги белките во тестото од лимон, па рамномерно поделете го тестото меѓу подготвените суфле.

g) Ставете ги садовите за суфле во тава за печење, а потоа наполнете ги со ладна вода до нивото на водата до половина од страните на садовите за суфле.

h) Печете ги на 180с. за 40 минути.

i) Кога суфлеата ќе завршат со печењето, извадете ги од водената бања и ставете ги во фрижидер најмалку 30 минути или до 6 часа.

j) За сервирање, оставете ги да се вратат на собна температура, потоа поминете со нож околу работ на секое јадење за суфле и превртете го суфлето на чинија за сервирање.

k) Посипете со шеќер во прав и декорирајте со листови нане. Послужете со густ крем или сладолед по желба.

55. Суфле од замрзнато брусница со истурен шеќер

Прави: 2 порции

СОСТОЈКИ:
- 2½ шолји Брусница, набрани
- ⅔ чаша Шеќер
- ⅔ чаша Вода

ЗА ИТАЛИЈАНСКАТА МРЕНГА:
- ¾ чаша Шеќер
- ⅓ чаша Вода
- 4 големи белки од јајца
- 2½ шолји Добро изладен дебел крем за испериениот шеќерен венец:
- ½ чаша Лесен сируп од пченка
- ¼ чаша Шеќер
- ½ чаша брусница, набрани
- Гранчиња нане за гарнир

ИНСТРУКЦИИ:
a) Направете ја смесата од брусница: Во тежок тенџере измешајте ги брусницата, шеќерот и водата и доведете ја смесата до вриење, мешајќи додека не се раствори шеќерот. Варете ја смесата со повремено мешање 5 минути или додека не се згусне и оставете ја целосно да се излади.

b) Направете ја италијанската меренга: Во мало тешко тенџере, измешајте ги шеќерот и водата и доведете ја смесата до вриење, мешајќи додека не се раствори шеќерот. Варете го сирупот, измијте ги сите кристали од шеќер кои се прилепуваат на страната на тавата со четка натопена во ладна вода, додека не регистрира 248 степени F. на термометар за бонбони и тргнете ја тавата од оган. Додека сирупот врие, во големиот сад со електричен миксер изматете ги белките со прстофат сол додека не држат меки врвови и додека работи моторот во млаз се додава врелиот сируп, матејќи ја и матејќи ја меренката на средна брзина 8 минути или додека не се излади на собна температура.

c) Смесата од брусница преклопете ја во меренгата нежно, но темелно. Во друг сад, со исчистени ќотек, матете го кремот додека не ги држи цврстите врвови и преклопете го во смесата со брусница нежно, но темелно.

d) Суфлето со лажица се става во 2½ т. Стаклен сад за сервирање отпорен на замрзнувач, измазнувајќи го горниот дел и замрзнете го суфлето, неговата површина покриена со пластична фолија, преку ноќ.

e) Направете го исвртениот шеќерен венец: во мало тешко тенџере измешајте ги сирупот од пченка и шеќерот, доведете ја смесата да зоврие на умерен оган, мешајте додека не се раствори шеќерот и варете го сирупот додека не добие златна карамела и регистрира температура од 320 степени Ф. На термометар за бонбони.

f) Додека сирупот се врие, малку подмачкајте го квадратниот лист од 12 инчи и на него наредете ги брусниците во форма на венец широк 6 инчи.

g) Тргнете ја тавата од оган и оставете го сирупот да се излади 30 секунди.

h) Натопете вилушка во сирупот и прелијте го сирупот врз брусницата, повторувајќи ја оваа постапка додека не се покрие брусницата и се формира венецот.

i) Оставете го венецот целосно да се излади.

j) Венецот може да се направи 2 часа однапред - по можност не на влажен ден - и да се чува на ладно и суво место.

k) Нежно исцедете го венецот од фолијата, наредете го на суфлето и украсете го со гранчињата нане.

56. Ледени суфлеа од кајсии

Прави: 5 порции

СОСТОЈКИ:

- сок и ситно рендана кора од 1 портокал
- Две пликови од ¼ унци желатин без вкус
- 3 средни јајца, одвоени, плус уште 2 белки
- ½ чаша суперфин шеќер
- 1 лажичка чист екстракт од ванила
- 1 чаша шлаг
- 4 лажици ликер Амарето
- 1 чаша пире од кајсии
- ¾ чаша црни рибизли
- 2 до 3 лажици суперфин шеќер

ИНСТРУКЦИИ:

a) Подгответе 4 рамекини со завиткување на лента од восочена хартија околу надворешната страна на секоја, достигнувајќи околу 2 инчи над бандажите; прицврстете со лента.

b) Лесно намачкајте ја хартијата и внатрешноста на садовите.

c) Загрејте го сокот од портокал во мало тенџере, посипете го желатинот и оставете да се раствори. Кул.

d) Во голем сад ставете ја кората од портокал, жолчките, шеќерот и ванилата.

e) Изматете додека не стане навистина густо, бледо и кремасто. Изладете малку.

f) Во посебен сад изматете ги белките додека не станат цврсти и речиси не формираат врвови. Во трет сад изматете го кремот додека не се стегне и ја задржи формата.

g) Во изматените жолчки измешајте ја смесата од желатин заедно со амаретото.

h) Потоа преклопете ја изматената павлака, пирето од кајсии и на крај белките.

i) Кога лесно, но темелно ќе се измеша, ставете со лажица во рамекин, измазнете ги врвовите и замрзнете 2 до 3 часа.

j) За да го направите сосот, загрејте ги сите, освен неколку од црните рибизли, во тенџере со шеќер; варете 4 до 5 минути.

k) Истурете низ сито за да ги извадите сите семки, по желба, а потоа во тавата додајте ги целите црни рибизли. Стави на страна.

l) За сервирање, извадете ги рамекините од замрзнувачот 10 минути пред јадење, излупете ја хартијата и направете дупка во центарот на горниот дел.

m) Загрејте го сосот во последен момент и истурете малку во средината. Останатото послужете го посебно.

57. Ладен суфле Гранд Марние и портокал

Сочинува: 8

СОСТОЈКИ:

- 4 големи портокали
- Коверт од ¼ унца без вкус на желатин
- 6 големи јајца, одвоени
- 1 чаша плус 2 лажици суперфин шеќер
- 4 до 6 лажици Grand Marnier
- 2 супени лажици сок од лимон
- 1 ¾ шолји шлаг, изматен
- 2 лажици вода
- неколку стебла црвени рибизли

ИНСТРУКЦИИ:

a) Подгответе сад за суфле широк 7 инчи така што ќе го завиткате во јака од двојно восочена хартија што доаѓа околу 2 инчи над работ. Прицврстете ја восочената хартија со лента.

b) Ситно изрендајте ја корaта од 2 портокали и оставете ги на страна.

c) Исцедете доволно сок од 2 или 3 портокали за да направите 1 чаша сок.

d) Загрејте го сокот од портокал и потоа измешајте го желатинот.

e) Оставете го на страна да се раствори или ставете го во помал сад над топла вода додека целосно не се раствори.

f) Изматете ги жолчките и 1 чаша шеќер додека не станат густи и кремасти.

g) Изматете ги сокот од портокал, кората од портокал, Гранд Марние и сокот од лимон.

h) Оставете да се излади, но не ладете.

i) Изматете ги белките додека не се стегнат.

j) Свиткајте ги нежно во изладената смеса од портокал и жолчка, потоа изматената павлака, додека убаво не се соедини.

k) Со лажица се става во подготвениот сад за суфле и се замрзнува неколку часа или преку ноќ.

l) Преостанатиот портокал ситно исечкајте го и преполовете го и ставете го во плитка тава или тава со преостанатите 2 лажици шеќер и 2 лажици вода. Нежно динстајте додека не омекне, а потоа варете на силен оган додека портокаловите сегменти не почнат да се карамелизираат.

m)   Изладете се темелно на лист со восочена хартија.

n) За послужување, внимателно извадете ја хартиената јака од околу суфлето и ставете го садот на чинија за сервирање.

o) Наредете ги карамелизираните портокалови парчиња врз суфлето и додадете неколку стебла свежа црвена рибизла.

58. Суфле од шпанско тавче

Прави: 1

СОСТОЈКИ

- 1 кутија шпански брз кафеав ориз
- 4 Јајца
- 4 унци Сецкани зелени чили
- 1 чаша Вода
- 1 чаша рендано сирење

ИНСТРУКЦИИ:

a) Следете ги упатствата на пакувањето за готвење на содржината на кутијата.

b) Кога оризот е готов, изматете ги останатите состојки, со исклучок на сирењето.

c) Прелијте со рендано сирење и печете на 325°F 30-35 минути.

59. Суфле со желе од портокал

Прави: 5 порции

СОСТОЈКИ:
- Млеко од соја, 6 чаши
- Варено изладено, ¾ чаша вода
- Кристали од желе од портокал, 1 пакетче, 90 гр
- Топла вода, 1 чаша
- Мандарински портокал, 60 гр

ИНСТРУКЦИИ:
a) Измешајте млеко од соја со претходно зовриена изладена вода.

b) Добро измешајте и оладете во фрижидер.

c) Измешајте ги кристалите од желе со топла вода.

d) Добро измешајте додека не се растворат кристалите.

e) Истурете ја смесата во стаклен сад и оставете ја да се олади во замрзнувач додека смесата речиси не се стегне.

f) Извадете ја смесата од замрзнувачот и изматете ја со подготвеното млеко од соја додека смесата не стане пена.

g) Смесата вратете ја во фрижидер да се стегне.

60. Виолетова суфле

Прави: 1 порција

СОСТОЈКИ:
- 9 унци гранулиран шеќер
- 8 жолчки од јајце
- 8 капки виолетова есенција
- 12 захаросани темјанушки, здробени или сецкани
- 12 белки од јајца
- 1 прстофат Сол
- Путер
- Гранулиран шеќер
- Преработен шеќер

ИНСТРУКЦИИ:
a) Шеќерот и жолчките се матат заедно додека не станат бледи и густи.

b) Додадете виолетова суштина и захаросани темјанушки.

c) Изматете ги белките со сол до цврсти врвови. Свиткајте заедно.

d) Намачкајте ја внатрешноста на садот за суфле и премачкајте го со онолку шеќер колку што ќе се залепи за путерот.

e) Истурете ја смесата со суфле. Печете 15 минути на 400.

f) Одозгора посипете кондиторски шеќер и вратете ја во рерна уште 5 минути.

g) Послужете го топло.

61. Суфле од ф'стаци со сладолед од ф'стаци

Сочинува: 6

СОСТОЈКИ
ЗА СЛАДОЛЕДОТ
- 4 големи јајца, одвоени
- 100 гр златен шеќерен шеќер
- 300 мл двоен крем
- 2 лажици паста од ф'стаци

ЗА СУФЛЕТО
- стопен путер, за садовите
- 3 лажици шеќерен шеќер, плус дополнително за садовите
- 3 големи јајца, одвоени
- 1 лажица пченкарно брашно
- 1 лажица обично брашно
- 250 мл полномасно млеко
- 2 лажици паста од ф'стаци

ИНСТРУКЦИИ:
a) Сладоледот направете го претходниот ден. Изматете ги белките до цврсти врвови со помош на електрични матери, а потоа постепено изматете го шеќерот, матејќи по секое додавање додека не добиете мазна, сјајна меренга.

b) Со истите матери изматете го кремот со пастата од ф'стаци до меки врвови.

c) Преклопете го кремот и жолчките низ меренгата, ставете со лажица во сад и замрзнете ги шест часа или преку ноќ.

d) За да ги направите суфлеата, намачкајте ја внатрешноста на шест рамекини со стопен путер, а потоа премачкајте ги со шеќерен шеќер.

e) Изматете ги жолчките со 2 лажици шеќер, брашното и малку сол. Загрејте го млекото со пастата од ф'стаци додека не се испари, а потоа со постојано матење прелијте ја течноста врз смесата со жолчки.

f) Исчистете ја тавата со млеко, па повторно истурете ја смесата, вратете ја на оган и варете 2-3 минути додека не стане густа крема. Тргнете го од оган и покријте ја површината со фолија додека не е потребно.

g) Кога сте подготвени за јадење, загрејте ја рерната на 200C и ставете плех на горната полица да се загрее.

h) Користејќи електрични матери, измателе ги белките до средно цврсти врвови, а потоа измателе го преостанатиот шеќер.

i) Во смесата со ф'стаци измешајте голема лажица од белките, па остатокот внимателно преклопете го.

j) Поделете ги рамекините, а потоа поминете со нож за прибор за јадење околу горниот раб на секоја од рамекините.

k) Префрлете го во врел плех и варете 8-12 минути додека убаво не нарасне.

l) Послужете веднаш прелиен со сладолед од ф'стаци.

62. Француско суфле со бело чоколадо

Прави: 6 порции

СОСТОЈКИ
- 9 лажици гранулиран шеќер, поделен
- 5 лажици универзално брашно
- ¼ лажичка сол
- 5 унци бело чоколадо, ситно исечкано
- 3 големи жолчки, собна температура
- 6 големи белки, собна температура
- ¼ лажичка крем забен камен
- 1 лажичка чист екстракт од ванила
- 1 тапкање несолен путер
- Слаткарски шеќер, за бришење прашина
- Свежи малини, за украс

ИНСТРУКЦИИ:

a) Загрејте ја рерната на 375 F.

b) Намачкајте со путер големо јадење за суфле и посипете го со ¼ чаша гранулиран шеќер; подготвеното јадење тргнете го на страна.

c) Измешајте ја солта, универзалното брашно и преостанатата ¼ чаша плус 1 лажица шеќер; тргнете ја смесата на страна.

d) Растопете ги парчињата бело чоколадо во сад отпорен на топлина или двоен котел над едвај зовриена вода, постојано мешајќи ја чоколадата за да не изгори.

e) Откако ќе се стопи чоколадото, тргнете го садот од оган и измешајте ги жолчките додека смесата не се соедини темелно.

f) Во посебен сад изматете ги белките со кремот од забен камен на средно-висока брзина додека не држат меки сјајни врвови.

g) Продолжете со матење на белките на голема брзина, додадете ја ванилата, а потоа постепено додавајте ја комбинацијата сол-брашно-шеќер додека белките не задржат цврсти сјајни врвови.

h) Нежно измешајте ⅓ од белките во чоколадната смеса, а потоа внимателно преклопете ги преостанатите изматени белки.

i) Чоколадната смеса треба да биде рамномерно обоена и лесна и шамчеста, без ленти од белки или мермер.

j) Ставете ја смесата од суфлето во подготвениот сад и оставете ја да одмори, покриена, до 30 минути или веднаш печете ја 25 до 30 минути додека суфлето не нарасне со кора однадвор.

k) Послужете го суфлето со бришење шеќер во прав по желба.

63. Суфлеа од јаболка со солен сос од карамела

Прави: 6–7

СОСТОЈКИ

- Растопен путер за подмачкување
- 4½ јаболка кокс, излупени, со јадра и исечени на четвртини
- 150 гр темен московадо шеќер
- ¾ лажичка мелен цимет
- 1 мешунка од ванила, исечена на половина по должина, изгребани семки
- 3 средни јајца од слободен дострел, одвоени
- 8-10 сунѓерски прсти
- 3 лажици калвадос
- 75 гр златен шеќерен шеќер
- Шеќер во прав на прашина

ЗА СОЛЕНИОТ СОС КАРАМЕЛ

- 300 мл единечен крем
- 1 мешунка од ванила, исечена на половина по должина, изгребани семки
- 190 гр златен шеќерен шеќер
- 225 g солено путер, исечено на коцки

ИНСТРУКЦИИ:

a) Загрејте ја рерната на 200°C/180°C вентилатор/гас. 6. Намачкајте ја со четка растопениот путер по целата внатрешност на рамекините. Ставете ги јаболката во сад за печење, посипете ги со шеќерот од московадо и циметот, додајте ги семките и мешунките од ванила, па варете 45 минути, повремено фрлајќи додека не омекнат.

b) Отстранете ја кората од ванила, ставете ги јаболката и сите сокови со лажица во процесорот за храна, а потоа изматете го во пире. Додадете ги жолчките, изматете ги, па префрлете ги во сад за матење. Вклучете ја рерната на 220°C/200°C вентилатор/гас 7.

c) Во меѓувреме направете го солениот карамел сос. Во тенџере ставете го кремот, семките од ванила и лопатката и оставете да се динста. Загрејте голема тава на средно-висока топлина и додадете 190 гр златен шеќерен шеќер, по една лажица, дозволувајќи секој додаток да се стопи пред да го додадете следниот. Меурче додека не се формира длабока килибарна карамела.

d) Отстранете ја кората од ванила од кремот, а потоа прелијте ја врз карамелата, матејќи на средна топлина додека не се вклопи.

e) Изматете го путерот, парче по парче, за да добиете сјаен сос. Чувајте го топло.

f) Прстите од сунѓер искршете ги на парчиња од 1-2 см и ставете ги во основата на рамекините.

g) Посипете со калвадос. Ставете плех во рерна да се загрее.

h) Во чист сад за матење ставете ги белките. Изматете до крути врвови со електричен миксер, а потоа додадете го златниот шеќер од 75 g по една лажица, матејќи назад до крути врвови по секое додавање, додека не се вклопи целиот шеќер.

i) Измешајте една лажица од меренгата во пирето од јаболка за да се олабави, а потоа нежно преклопете го пирето во меренката со помош на голема метална лажица со движења од осум.

j) Поделете ги рамекините. Користете нож за палета за да ги израмните врвовите, а потоа поминете со врвот на ножот за маса околу секое суфле.

k) Ставете ги рамекините на врелиот плех во рерната.

l) Печете 12-15 минути додека не нараснат и поруменат, но сепак со мало нишање во центарот.

m) Посипете со шеќер во прав, а потоа послужете веднаш со сос од карамела.

64. Суфле со изладен лимон

Сочинува: 8

СОСТОЈКИ

- 4 листови желатин
- Ситно рендана кора од лимон и сок од 3 недепилирани лимони
- 6 средно органски јајца, одвоени
- 300 гр златен шеќерен шеќер
- 425 мл шлаг

ИНСТРУКЦИИ:

a) Земете хартија за печење со должина од 24 см и преклопете ја на 3, па врзете ја околу суфле од 1 литар правострано, така што хартијата се протега 2-4 см над врвот. Стави на страна.

b) Листовите желатин потопете ги во многу ладна вода и оставете ги на страна.

c) Во меѓувреме, во голем сад отпорен на топлина ставете ги кората и сокот од лимон, жолчките и шеќерот. Оставете тенџере со вода да зоврие, а потоа исклучете го огнот.

d) Ставете го садот над садот со топла вода, внимавајќи дното на садот да не ја допира водата.

e) Со електричен рачен жица изматете ја смесата од лимон околу 5 минути, додека не се згусне и бледа боја.

f) Загрејте 2-3 лажици вода во мала тава, така што само ја покрива основата.

g) Кога е жешко, исцедете го вишокот вода од натопениот желатин, спуштете ги листовите во тавата и веднаш тргнете ја тавата од оган. Мешајте додека не се раствори, а потоа изматете ја во згусната смеса од лимон. Извадете го садот од тавата и оставете го на страна да се излади целосно.

h) Во чист сад изматете ги белките до меки врвови. Во друг чист сад изматете ја шлагот додека не се згусне.

i) Свиткајте ја шлагот во смесата со лимон додека не останат белки, а потоа преклопете ја белката, повторно додека не останат белки.

j) Истурете во подготвеното јадење и ладете најмалку 4 часа или додека не се стегне.

k) За сервирање, внимателно извадете ја врвката и хартиената јака од околу суфлето.

65. Суфле со печена круша и сино сирење

СОСТОЈКИ

- Грст сушени презла
- 2 цврсти десертни круши, 1 излупена, 1 оставена неизлупена, исечена на четвртини
- 50 гр путер
- 2 лажички мек кафеав шеќер
- 4 свежи гранчиња мајчина душица, плус 2 дополнителни
- Пушена сол
- 1 ½ лажица обично брашно
- 125 ml полномасно млеко, загреано
- 2 големи јајца од слободен опсег, одвоени
- 75гр кремасто сино сирење, распарчено

ЗА САЛАТАТА ГОРКИ ЛИСТЕНИ

- 1 цикорија, листовите одвоени
- ½ сијалица од анасон, тенко исечена
- Грст лисја од крес и ракета
- Грст ореви, грубо сецкани

ЗА ОБЛЕКУВАЊЕТО

- 1 ½ лажица екстра девствено маслиново масло
- 1 лажичка Дижон сенф
- 2 лажички бел вински оцет

ИНСТРУКЦИИ:

a) Посипете презла во подмачканиот сад за печење, свртете ги за да ја обложите внатрешноста. Загрејте ја рерната на 200°C.

b) Ставете ги сите парчиња круши во тавче на силен оган со 25 грама путер, шеќер, прскање вода и мајчина душица.

c) Оставете да зоврие, а потоа малку намалете ја топлината и варете 15-20 минути или додека не омекне и карамелизира.

d) Зачинете со чадена сол и мелен црн пипер. Се трга на страна да се излади малку.

e) Во меѓувреме, загрејте го преостанатиот путер во тава. Кога ќе запени, промешајте го брашното и варете 3-4 минути мешајќи со шпатула додека не замириса на бисквит.

f) Тргнете ја тавата од оган и измателе го топлото млеко додека не се изедначи. Варете нежно 3-4 минути, мешајќи додека не се изедначи и густо.

g) Тргнете ја тавата од оган и измешајте ги жолчките и половина сино сирење. Во подготвеното јадење ставете половина од крушите.

h) Во чист сад за матење, измателе ги белките со помош на електричен рачен миксер додека не држат средно цврсти врвови.

i) Измешајте 1 лажица од белката во смесата со жолчки за да се олабави, а потоа нежно, но брзо преклопете го остатокот со метална лажица.

j) Истурете во садот и одозгора со преостанатото сирење.

k) Печете 18-20 минути додека не се издува, но со мало тресење.

l) Во меѓувреме, прелијте ги состојките за салата со преостанатите круши.

m)   Измателе ги состојките за преливот, прелијте ја салатата и зачинете со црн пипер.

n) Послужете го суфлето веднаш, попрскано со дополнителната мајчина душичка, заедно со салатата и малку кора леб ако сакате.

66. Суфле со какао од банана

Прави: 5 порции

СОСТОЈКИ

- 2 зрели банани, сецкани
- 5 белки
- 100 гр шеќерен шеќер, плус дополнително за расфрлање
- Омекнат путер, за четкање
- ½ шолја какао, просеано, плус дополнително на прашина
- Чоколаден прелив, за сервирање

ИНСТРУКЦИИ:

a) Загрејте ја рерната на 220°C.

b) Ставете ги бананите во блендер и изматете ги додека не се исцедат. Стави на страна.

c) Ставете ги белките во садот со миксер опремен со додаток за матење и изматете додека не станат меки врвови. Кога работи моторот, постепено додавајте го шеќерот додека белките не станат густи и поматени и шеќерот не се раствори. Нежно преклопете го пирето од банана додека не се соедини.

67. Суфле од мока

Прави: 5 порции

СОСТОЈКИ
- ⅓ чаша какао во прав
- 1 лажица инстант кафе
- 100 гр шеќерен шеќер, плус дополнително за посипување
- 6 белки
- Нотка крем забен камен
- Шеќер во прав на прашина

ИНСТРУКЦИИ:
a) Загрејте ја рерната на 190°C.

b) Ставете ги какаото и кафето во тава со ⅓ шолја ладна вода и измешајте ги на тивок оган додека не се растворат. Зголемете ја топлината на средно-висока и динстајте 2 минути, а потоа оставете ја на страна да се излади 5 минути.

c) Подмачкајте четири садови за суфле од 1 шолја или бакарни тенџериња и посипете ја внатрешноста со дополнителен шеќерен шеќер, истресувајќи го вишокот.

d) Изматете ги белките во електричен миксер додека не се формираат меки врвови.

e) Полека додадете го шеќерниот шеќер и кремот од забен камен и продолжете со матење додека не се формираат крути врвови.

f) Нежно преклопете малку белка од јајце во смесата со мока, а потоа додајте ја смесата во преостанатите белки и преклопете за само да се соединат, задржувајќи колку што е можно повеќе воздух во смесата.

g) Наполнете го секое суфле или тенџере до врвот.

h) Ставете го на плех и печете 12 минути или додека не стаса.

i) Ставете жешки јадења на чинии, посипете со шеќер во прав и послужете веднаш.

68. Суфле од малини

Сочинува: 6

СОСТОЈКИ:
- 1-2 лажици несолен путер, омекнат
- 50 гр шеќерен шеќер, плус дополнително за посипување
- 6 белки
- Шеќер во прав, на прашина

ОВОШНА БАЗА
- 500 гр свежи малини
- 125 гр шеќерен шеќер
- 1 лажица пченкарно брашно

ИНСТРУКЦИИ:
a) За да ја направите овошната основа, обработете ги бобинките во процесор за храна додека не добиете мазно пире.

b) Ставете го пирето и шеќерот во тенџере на средна топлина, мешајќи да се раствори шеќерот.

c) Измешајте пченкарно брашно со 1 лажица вода.

d) Кога смесата со бобинки е на точка на вриење, намалете ја топлината на минимум и изматете ја смесата со пченкарно брашно.

e) Изматете 1 минута, потоа тргнете го од оган и ладете додека целосно не се излади.

f) Намачкајте ги основите на шест суфлеа од 250 мл со омекнат путер, а потоа, со движења нагоре, исчеткајте ги страните.

g) Оладете додека не се стегне, а потоа повторете.

h) Посипете ги садовите со шеќер, исфрлете го вишокот, а потоа ладете повторно додека не е потребно.

69. Суфле од чоколаден бел слез

Прави: 6 порции

СОСТОЈКИ:
- 3 лажици путер
- 3 лажици брашно
- ¼ лажичка сол
- 1 шолја млеко
- ¼ чаша шеќер
- 3 унци незасладено чоколадо, рендано
- 30 бел слез
- 3 жолчки, изматени
- 1 ½ лажичка ванила
- 3 белки, тврдо изматени
- Шлаг

ИНСТРУКЦИИ:
a) Се топи путерот во тенџере. Промешајте со брашно и сол.

b) Додадете млеко и варете на тивок оган со постојано мешање додека не се згусне и не се изедначи.

c) Додадете шеќер, чоколадо и бел слез и мешајте додека бел слез не се стопи.

d) Се трга од оган и полека се додаваат жолчките и ванилата. Добро измешајте. Кул.

e) Кога ќе се излади, свиткајте ги белките во смесата со чоколаден бел слез.

f) Истурете во тепсија или сад за суфле, ставете во тава со врела вода и печете во рерна на 350 степени еден час или додека не се стегне.

g) Послужете топло или ладно со шлаг.

70. Суфле од киви со сладолед

Прави: 4 порции

СОСТОЈКИ:
- 9 Киви
- сок од 1 лимон
- 2 белки
- 6 лажици шеќер
- 100 милилитри крем од кокос
- 200 милилитри шлаг

ИНСТРУКЦИИ:

a) Излупете ги кивите и исечете 1 на тенки парчиња. Останатите киви ситно исечкајте ги.

b) Исечените парчиња изматете ги со сок од лимон и шеќер и оставете ги на страна 4 лажици.

c) Изматете ги белките и измешајте ги со пирето од киви и со лажица во чаши.

d) Ставете го во замрзнувач и мешајте на секои 15 минути со вилушка за да се скршат големите ледени кристали.

e) Измешајте ги 4-те лажици пире од киви со кокосово млеко.

f) Изматете го кремот и преклопете го во смесата.

g) Кога шербетот ќе почне да замрзнува, околу горниот дел од чашите направете прстени од хартија за печење околу 3 см високи.

h) Наполнете ја секоја чаша со кремот од кокос врз шербетот и замрзнете 2 часа.

i) Извадете 15 минути пред сервирање и оставете кратко да се одмрзне.

j) Украсете со парчиња киви и послужете.

71. Чоколадни суфлеа со круши

Сочинува: 4

СОСТОЈКИ:
- 4 круши
- 3 одвоени јајца
- 65 гр универзално брашно
- 100 гр сечкано темно чоколадо
- 50 гр шеќер
- 1 кора од портокал
- 3 g темно какао во прав
- 50 ml, свежо млеко
- Путер
- органски
- Шеќер
- органски

ИНСТРУКЦИИ:
a) Загрејте ја рерната на 375°F, намачкајте ги рамекините со путер и посипете ги со шеќерот.

b) Измешајте ги млекото, какаото, кората од портокал и 25 гр шеќер. Ставете во тенџере и доведете до вриење.

c) Тргнете од оган и извадете ја кората од портокал. Додадете го чоколадото и оставете го да се растопи.

d) Изматете ја белката со прстофат сол додека не се стегне и постепено измешајте го преостанатиот шеќер.

e) Во растопеното чоколадо измешајте ги жолчките и брашното.

f) Преклопете ги изматените белки и префрлете ја смесата во подготвените рамекини.

g) Ставете по една круша во секој рамекин и ставете ги рамекините во голем сад отпорен на рерната.

h) Наполнете го садот со 2-3 см топла вода и префрлете го во рерната. Печете 25-30 мин.

i) Извадете го од рерна и послужете веднаш.

72. Grand Marnier Soufflé

СОСТОЈКИ:

- 1/3 чаша путер
- 3/4 чаша брашно
- 1/2 лажичка сол
- 1 1/2 чаши млеко
- 5 јајца, одвоени
- 3 белки
- 1 шолја шеќер
- 2 супени лажици сок од лимон
- 1 лажичка рендана кора од лимон
- 1/2 чаша Гранд Марние

a) Лесно подмачкајте го садот за суфле од 2 литри и посипете го со шеќер. Исечете лента од восочна хартија или фолија долга околу 30 инчи и 6 инчи широк -- доволно долго за да се преклопи за најмалку 2 инчи кога ќе се завитка околу садот.

b) Преклопете го на половина по должина, а потоа намачкајте ја едната страна со путер и посипете со шеќер. Врзете ја хартијата како јака околу садот за суфле, зашеќерена страна, така што ќе се протега најмалку 2 инчи над садот. Прицврстете ги краевите на јаката со штипки или прави иглички.

c) Растопете путер на тивок оган во тенџере - не дозволувајте да порумени. Се трга од оган, се додава брашното и солта и се меша додека не се изедначи.

d) Додадете го млекото, по малку, со постојано мешање. Вратете на топлина со постојано мешање додека не се згусне и изедначи. Ова најдобро се прави со жица за матење. Тргнете од оган. Одделете ги јајцата. Белките тргнете ги на страна.

e) Изматете ги 5-те жолчки додека не се згуснат. Додадете лут крем сос, по мала количина, со постојано матење додека не се додаде целиот сос и смесата стане кремаста крема. Се трга на страна да се излади.

f) Загрејте ја рерната на 350 F. Изматете ги сите осум белки додека не се формираат меки врвови кога матерот нежно ќе се подигне. Постепено додавајте шеќер со постојано матење додека не се формира цврста меренга.

g) Постепено матете во сок од лимон, неколку капки одеднаш. Измешајте ја кората од лимон и Гранд Марние во смесата со јајца, добро промешајте. Додадете сè одеднаш во белките, преклопувајќи темелно со брзи, лесни потези.

h) Истурете во садот за суфле и ставете го садот во тава што содржи 1 сантиметар топла вода.

i) Печете еден час. Извадете ја од рерната и внимателно извадете ја хартиената јака.

j) Послужете го одеднаш, измивајќи го со голема лажица.

73. Суфле од јаворов сируп

Прави: 2

СОСТОЈКИ:
- 1/2 шолја шеќер во прав 70 гр
- 2 лажички прашок за пециво 10 мл
- 1 шолја јаворов сируп 250 мл
- 4 белки

Загрејте ја рерната на 375F 190C

Изматете ги белките.

Додадете ги полека шеќерот и прашокот за пециво, полека вртејќи со шпатула.

Полека додавајте го јаворов сируп, вртејќи со шпатула.

Подмачкајте сад за суфле со путер.

Печете на 375 F (190 C) 30 минути.

Послужете веднаш.

74. Суфле од портокал

Прави 1 3/4 чаши.

СОСТОЈКИ:

- 3 лажици путер
- 1/4 чаша универзално брашно
- цртичка сол
- 2/3 шолја млеко
- 1 лажичка ситно изрендана кора од портокал
- 1/3 чаша сок од портокал
- 4 жолчки
- 4 белки
- 1/4 чаша шеќер
- Сос од портокал

a) Прикачете јака со путер и зашеќерена фолија на сад за суфле од 2 литри; Стави на страна.

b) Во мало тенџере растопете ги 3 лажици путер. Промешајте со брашно и сол.

c) Додадете млеко; варете и мешајте додека не се згусне и пенлив. Отстрани од топлина; измешајте кора и сок од портокал. Во мал сад за миксер изматете ги жолчките околу 5 минути или додека не се згуснат и не добијат лимонска боја. Постепено измешајте ја портокаловата смеса во изматените жолчки. Темелно измијте ги тепачите.

d) Во голем сад за миксер изматете ги белките до меки врвови. Постепено додавајте

e) шеќер, матејќи до крути врвови. Преклопете ја смесата од портокал во белки. Претворете го во немрсен сад за суфле. Печете во рерна на 325 F 60 до 65 минути или додека ножот вметнат блиску до центарот не излезе чист. Послужете веднаш со сос од портокал. Прави 8 порции.

f) Сос од портокал: Во средно тенџере измешајте 1/2 чаша шеќер, 2 лажици пченкарен скроб и сол. Измешајте 1 1/2 чаши сок од портокал. Гответе и мешајте додека не се згусне и пенлив. Гответе уште 2 минути. Отстрани од топлина; измешајте 1 лажица путер. Послужете топло.

75. Суфле од јаболка

Прави: 6 порции

СОСТОЈКИ:
2 лажици путер (или марг.)
2 лажици Брашно, за сите намени
¼ чаша Млеко
1 ½ чаша сос од јаболка
4 жолчки од јајце; претепан
⅓ чаша лебни трошки, меки
½ лажичка Сол
⅛ лажичка цимет, мелен
⅓ чаша Шеќер
1 лажица сок од лимон; свежо исцедено
4 белки од јајца; цврсто претепан
1 лажичка пченкарен скроб
1 ½ лажица Шеќер
⅔ чаша сок од јаболко

Се топи путерот. Измешајте во брашно; измешајте млеко и сос од јаболка. Гответе на тивок оган додека не се згусне, со постојано мешање. Кул. Измешајте ги жолчките во смесата со сос од јаболка. Додадете презла, сол, цимет, шеќер и сок од лимон. Преклопете ги белките. Истурете во подмачкана тепсија од 1-½ литар и ставете ја во тава со топла вода. Се пече на 300 степени 1 час.

Подгответе го сосот додека се пече суфлето. Соедините ги пченкарниот скроб и шеќерот и додадете ги во сокот од јаболко. Гответе додека не се згусне со постојано мешање.

Послужете преку топло суфле.

76. Суфле од кајсии

Прави: 2 порции

СОСТОЈКИ:
¾ чаша Тешка крема

2¼ лажичка Брашно

¼ шолја Шеќер, плус дополнителен за бришење прашина од суфлето

8 големи свежи кајсии; 4 исечени на коцки, 4 исечени

1 кафена лажичка Кирш

3 X-големи јајца, одвоени на собна температура

Стиснете крем од забен камен

1 лажичка путер

Преработен шеќер

Загрејте ја рерната на 450 F. Во големо тенџере измешајте павлака, брашно, ¼ шолја шеќер и сечкани кајсии. Оставете да зоврие на средна топлина и варете, матејќи додека не се згусне, околу 3 минути. Се трга од оган, се додава кирш, па се матат жолчките една по една.

Изматете ги белките во нереактивен сад за мешање додека не станат пени; додадете крем од забен камен; продолжи да тепа додека не се стегне многу.

Намачкајте со путер мало јадење за суфле (6½ "пречник, 2 ½" длабоко), посипете со шеќер и намачкајте ¼ чаша смеса од кајсии на дното. Додадете околу една третина од белките во преостанатата смеса од кајсии; нежно свиткајте заедно. Повторете, внимателно преклопувајќи ги преостанатите белки во две серии. Не се премешува. Лажица врз смесата од кајсии во сад за суфле.

Погрижете се решетката во рерната да е доволно ниска за да може просторот за суфлето да се издигне 2" над работ од садот. Печете го суфлето додека не порумени одозгора, 12-15 минути. Посипете обилно со шеќер од слатка и наредете ги исечените кајсии одозгора. Послужете веднаш. (Суфле ќе продолжи да готви додека одмара; почнете да јадете однадвор и одете до средината.

77. Суфле од печен чоколаден пудинг со банани

Прави: 2 порции

СОСТОЈКИ:
3 унци Горчливо слатко чоколадо или полуслатко чоколадо, исечкано
¼ чаша шлаг
2 жолчки, собна температура
1 лажичка ликер од кафе
½ лажичка цимет
1 мала банана
3 Белки од јајца, собна температура
3 лажици Шеќер
Шеќер во прав
Сладолед од ванила, по желба
Загрејте ја рерната на 425 F. Путер плитка овална гратин тава со 4 шолји. Посипете со шеќер. Растопете чоколадо со крем во двоен котел над едвај зовриена вода; мешајте додека не се изедначи. Извадете од преку вода.

Веднаш изматете ги жолчките, па ликерот и циметот. (Може да се подготви 4 часа однапред. Притиснете парче пластична фолија на површината за да спречите формирање на кожата. Пред да продолжите, измешајте со едвај зовриена вода додека не се загрее на допир.) Наредете парчиња банана во подготвената тава. Изматете ги белките додека не се формираат меки врвови. Додадете 3 лажици. шеќер и матете додека не се стегне, но не се исуши. Свиткајте ¼ белки во чоколадо за да олеснат; внимателно преклопете ги преостанатите белки.

Нежно премачкајте ги парчињата банана. Печете додека не се надуе и само пролетта на допир, околу 10 минути. Посипете со шеќер во прав. Послужете со сладолед.

78. Суфлеа од чоколадо со банана

Прави: 1 порција

СОСТОЈКИ:
3 големи белки
⅓ чаша Шеќер
2 цврсти зрели банани; (околу 6 унци секој)
2½ лажица минијатурни полуслатки чоколадни чипови

Загрејте ја рерната на 450 степени и малку намачкајте со путер шест ¾ шолја рамекин (3½ инчи во дијаметар и 1¾ инчи височина).

Во сад со електричен миксер изматете ги белките додека не ги држат само меките врвови и постепено матете со шеќерот додека меренката не држи крути врвови.

Крупно изрендајте ги бананите на меренката и нежно преклопете ги со чоколадни чипови во меренга.

Наредете ги рамекините на плех и поделете ја смесата рамномерно меѓу нив, набивајќи ја во центри. Поминете со нож околу страните на рамекин, ослободувајќи ја смесата за да помогне да се крене, и печете ги суфлеата во средината на рерната додека не се издува и златно кафеава, околу 15 минути. Веднаш послужете ги суфлетите.

79. Сплит суфле од црна и бела банана

Прави: 6 порции

СОСТОЈКИ:
2 пакувања Желатин, без вкус
4 чаши млеко; ладно, поделено
3⅜ унца Мешавина за пудинг, чоколаден орев
⅛ лажичка цимет, мелен
2 чаши Крем, тежок; поделени
3⅜ унца Мешавина за пудинг, ванила
1 голема банана, зрела
¼ лажичка морско оревче, мелено
Чоколадо, избричено
Бонбони со стапче од нане, смачкана
Парчиња банана

Омекнете 1 обвивка желатин во ¼ чаша ладно млеко. Подгответе го пудинг од чоколаден орев според упатствата на пакувањето користејќи 1-¾ шолји млеко. Користете топол пудинг за да го растворите желатинот. Промешајте со цимет и изладете. Измататете шолја дебела павлака и преклопете ја во кул чоколадна смеса. Истурете во сад за суфле од 1 литар и изладете додека не се стегне. Опкружете го садот со јака од алуминиумска фолија, подигајќи го нивото на садот за 1-½ инчи. Лепете се на место или врзете со конец.

Омекнете го преостанатиот плик од желатин во ¼ чаша ладно млеко. Подгответе пудинг од ванила според упатствата на пакувањето, користејќи 1-¾ шолји ладно млеко. Користете топла смеса за пудинг за да го растворите желатинот. Изгмечете ја бананата темелно и преклопете ја со морско оревче. Изматете го преостанатиот крем и преклопете го во смесата со пудинг од банана; изладете малку. Истурете го врз чоколадниот слој; олади. Непосредно пред сервирање, по желба посипете ги со чоколадни локни или мелени бонбони од пеперминт и извадете ја јаката од алуминиумска фолија.

80. Суфле од црна шума

Прави: 1 порција

СОСТОЈКИ:
- 16 унци вишни без јазли,
- Исцедена (резервна течност)
- 5 лажици ракија (по избор)
- 4 квадрати (1 oz секој) печење
- Чоколадо
- 2 пликови без вкус
- Желатин
- 3 јајца, одвоени
- 1 конзерва (14 oz) засладена кондензирана
- Млеко
- 1 ½ лажичка ванила
- 1 чаша Милнот

Исецкајте ги вишните и маринирајте во ракија (или течност од вишни). Потопете желатин во ½ чаша сок од цреша. Малку изматете ги жолчките; измешајте засладено млеко и желатин. Загрејте на тивок оган додека желатинот не се раствори; додадете чоколадо и загрејте додека не се стопи и малку се згусне смесата. Измешајте цреши и ванила; ладете додека смесата малку се натрупува кога ќе ја испуштите од лажицата. Изматете го Милнот и белките додека смесата не ги зацврсти врвовите.

Свиткајте во смесата од желатин. Истурете во 1 литар сад за суфле со јака 3". Оладете додека не се стегне, неколку часа или преку ноќ. Отстранете ја јаката; украсете со вишни, чоколадни локни или изматен прелив.

81. Суфле со блендер

Прави: 4 порции

СОСТОЈКИ:
8 унци Остро чедар сирење
1 лажичка Сол
10 парчиња леб, намачкан со путер/коцки
4 Јајца
2 чаши Млеко
1 лажичка француски крем сенф
(Може да замени ½ t сува сенф) Исечете го сирењето на парчиња. Соединете ги сите состојки во блендер. Вклучете ја големата брзина додека не се измеша темелно.

Се пече во подмачкана, непокриена тепсија од 1-½ к.т 1 час на 350 степени.

82. Суфле од Блинц

Прави: 8 порции

СОСТОЈКИ:

- 8 унци крем сирење; омекнат
- 2 чаши Урда, мала урда
- 2 Жолчка од јајце
- 1 лажица Шеќер
- 1 лажичка екстракт од ванила
- 6 Јајце
- 1 ½ чаша кисела павлака
- ⅔ чаша Шеќер
- 2 лажици пченкарен скроб
- 1 цртичка Цимет, мелен
- 1 цртичка Мускатно оревче, мелено
- Прибл. Време за готвење: 1:15 часот
- ½ чаша сок од портокал
- ½ чаша путер; омекнат
- 1 шолја Брашно
- ⅓ чаша Шеќер
- 2 лажички прашок за пециво
- 1 лажичка кора од портокал; рендан
- 1 чаша; Вода
- 1 чаша боровинки; свежо
- 2 лажици Сок од лимон

Blintzes: Комбинирајте сирења, жолчки, 1 Т шеќер и ванила во мал сад; матете со средна брзина на електричен миксер додека не се изедначи.

Оставете ја смесата на страна.

Комбинирајте 6 јајца, павлака, сок од портокал и путер во контејнер на електричен блендер; измешајте додека не се изедначи. Додадете брашно, ⅓ чаша шеќер, прашок за пециво и кора од портокал; измешајте додека не се изедначи. Истурете половина од тестото во подмачкан сад за печење 13"x9"x2". Ставете ја смесата со крем сирење рамномерно врз тестото и внимателно премачкајте ја со нож. додека не подуе и порумени.Послужете веднаш.

Сос од боровинки: комбинирајте шеќер, пченкарен скроб, цимет и морско оревче во тежок тенџере. Постепено мешајте во вода. Гответе на средна топлина со постојано мешање додека смесата не зоврие. Се вари 1 минута; измешајте боровинки и сок од лимон. Послужете топло.

83. Суфле со сино сирење

Прави: 6 порции

СОСТОЈКИ:
- 1 плик желатин без вкус
- 2 лажици Ладна вода
- 4 лажици Сладок путер
- 4 унци Крем сирење
- 4 унци Сино сирење - омекнат
- 1 јајце - одвоено
- 1 лажичка Дижон сенф
- ½ чаша Тежок крем - изматен
- Суфле со сино сирење

a) Омекнете го желатинот во ладна вода, а потоа нежно измешајте на тивок оган за да се раствори. Користејќи процесор за храна или електричен миксер, изматете ги путерот и сирењата, додавајќи жолчка од јајце, сенф и желатин.

b) Изматете ја белката додека не се стегне, НО НЕ СУШИ и нежно преклопете ја во смесата.

c) Потоа преклопете ја шлагот. Подгответе сад за суфле од 1 шолја со подмачкана восочена хартија или фолија. Врзете за садот со конец.

d) Ставете ја смесата со лажица во садот така што ќе дојде преку страните и до врвот на јаката.

e) Оладете неколку часа или преку ноќ.

f) Отстранете ја јаката и послужете со крекери или суров зеленчук.

84. Пита со суфле со лимон со боровинки

Прави: 4 порции

СОСТОЈКИ:
3 чаши Боровинки, набрани
1 лажица Минутна тапиока
6 супени лажици гранулиран шеќер
3 големи јајца, одвоени
7 лажици Суперфин шеќер
¼ чаша Плус 3 супени лажици свежи
Сок од лимон (4 лимони)
Рендана кора од 2 лимони
⅛ лажичка сол
1 Печена школка за ронлив пита

Загрејте ја рерната на 400 степени. Во нереактивен тенџере, фрлете ги боровинките со тапиоката и гранулираниот шеќер. Оставете да отстои 5 до 10 минути, мешајќи еднаш или двапати, за да омекне тапиоката. Гответе на умерено висока топлина со повремено мешање додека смесата не зоврие. Тргнете од оган. Истурете во цедалка од нерѓосувачки челик поставен преку сад. Резервирајте ги исцедените сокови.

Користејќи електричен миксер, изматете ги жолчките со 4 супени лажици од ситниот шеќер додека не станат бледи и густи, околу 2 минути. Постепено изматете го сокот од лимон, а потоа и кората. Префрлете ја смесата во нереактивен тенџере и варете на тивок оган, мешајќи постојано со гумена шпатула, додека не се згусне, околу 8 минути; не се вари.

Изгребете во сад и оставете го на решетката да се излади. Вирус.

Со чисти матери изматете ги белките додека не станат пени. Додадете ја солта и матете додека не се формираат меки врвови. Додадете ги преостанатите 3 супени лажици суперфин шеќер, ½ лажица во исто време, добро матејќи по секое додавање. Матете со голема брзина додека белките не станат сјајни, но не суви, околу 20 секунди подолго. Со помош на гумена шпатула измешајте една третина од изматените белки во смесата со жолчки. Нежно преклопете ги преостанатите белки. Ставете ги боровинките во печената лушпа за ронлив пита и прелијте ги со 2½ лажици од исцедените сокови. Насипете ја смесата од суфле над бобинки; нежно намачкајте за да ги покрие бобинките, допирајќи ја кората за пита наоколу. Печете во средината на рерната околу 15 минути, додека врвот убаво не порумени. Префрлете ја питата на решетка малку да се излади. Послужете топло или на собна температура.

85. Суфле со пусти со крем од нане

Прави: 12 порции

СОСТОЈКИ:

- ⅔ чаша крем за шлаг
- 3 унци бело чоколадо; ситно сецкани
- ¼ лажичка екстракт од рум; или по вкус
- 1 пакување Pillsbury Rich & Moist Brownie Mix
- ½ чаша Вода
- ½ чаша Масло
- ½ лажичка екстракт од нане (опционално); или повеќе по вкус
- 4 јајца; разделени
- Шеќер во прав
- Гранчиња од нане; за гарнир

a) Испрскајте ја тавата со пружинска форма од 9 или 10 инчи со нелеплив спреј за готвење.

b) Кремот во микробранова печка на високо ниво 45-60 секунди или додека не се загрее. Додадете екстракт од бело чоколадо и нане; мешајте додека не се стопи чоколадото.

c) Ставете го во фрижидер најмалку еден час или додека добро не се излади.

d) Во меѓувреме, во lge. сад, измешајте ја смесата за пусти, вода, масло, екстракт од нане и жолчки од јајце; победи 50 удари со лажица. Во помал сад изматете ги белките додека не се формираат меки врвови. Постепено преклопете во смесата за пусти. Истурете го тестото во испрскана тава.

e) Печете на 375° или додека центарот речиси не се намести. Се лади 30 минути. (Центарот малку ќе потоне.) Посипете го врвот од колачот со шеќер во прав.

f) Непосредно пред сервирање, изматете го изладениот крем од нане додека не се формираат меки врвови. Исечете ја тортата на клинови; над секој клин со крем од нане. Украсете со извори од нане.

86. Суфле од рогач-мока

Прави: 4 порции

СОСТОЈКИ:

- 2 лажици Омекнат путер
- 1 лажица небелено бело брашно
- ⅓ чаша млеко
- 4 лажици мед
- 2 лажици рогач во прав
- 1 лажица Ликер од кафе или жито кафе
- 1 лажичка екстракт од ванила
- 1 лажица Arrowroot во прав
- 2 лажици сок од портокал
- 2 Белки од јајца

a) Загрејте ја рерната на 375 степени F. Користејќи 1 лажица путер, лесно намачкајте со путер 4 чаши крем.

b) Во мало тенџере на средна топлина стопете го преостанатиот путер. Промешајте со брашно и варете 2 минути со постојано мешање. Истурете млеко и варете додека смесата не се згусне.

c) Тргнете го од оган и додадете ги медот, рогачот во прав, ликерот од кафе и ванилата. Измешајте ја стрелата со сок од портокал и додадете ја во смесата со рогач.

d) Изматете ги белките додека не се формираат цврсти врвови. Свиткајте во смесата со рогач и истурете во подготвени чаши за крем. Ставете чаши за крем во плитка тава за печење и наполнете со топла вода до половина од висината на тавата.

e) Печете го суфлето додека малку не надуе и еластично (15 до 20 минути). Оставете да се излади и послужете.

87. Суфле со јаболка од карамела

Прави: 10 порции

СОСТОЈКИ:
2 плик желатин без вкус
10 лажици кафеав шеќер -- поделени
3 јајца -- одвоени
3 чаши Млеко
2 Јаболка, излупени, со јадра и исечкани
2 лажици путер или маргарин
1 ½ лажичка екстракт од ванила
1½ чаша Тежок крем - изматен
½ чаша пекани - сецкани

Во тенџере со средна големина измешајте желатин со 8 лажици шеќер; измешајте во жолчките изматени со млеко. Оставете да отстои 1 мин. Ставете го на тивок оган и мешајте додека желатинот целосно не се раствори, околу 5 минути. Додадете јаболка, путер и ванила; продолжете со готвењето, постојано мешајќи, 5 минути или додека јаболката не омекне. Истурете во голема чинија и изладете, мешајќи повремено, додека смесата малку да се натопи кога ќе падне од лажицата.

Во сад со средна големина изматете ги белките додека не се формираат меки врвови; постепено додавајте ги преостанатите 2 лажици шеќер и матете додека не се стегне. Свиткајте ги белките, па изматениот шлаг и пеканот во смесата со желатин. Претворете го во сад за суфле од 1 кт со јака од 3 инчи или сад од 2 кт; ладете додека не се стегне. Отстранете ја јаката; украсете, по желба, со дополнителни јаболка и пекан.

88. Суфле од костен

Прави: 4 порции

СОСТОЈКИ:
4 жолчки од јајца
1 чаша незасладено пире од костен
⅓ чаша Шеќер
3 лажици Млеко
1 лажица ракија
4 Белки од јајца
Незасладена шлаг

Во мал сад за миксер се матат жолчките до густи и лимонови, околу 5 минути; Стави на страна. Во мал сад за миксер изматете ги пирето, шеќерот, млекото и ракијата додека не се изедначи. Изматете ги во жолчките добро да се соединат. Темелно измијте ги тепачите. Во голем сад за миксер изматете ги белките додека не се формираат цврсти врвови.
Изматените белки свиткајте ги во смесата со костени. Претворете го во немрсен сад за суфле од 1½ литар. Печете во рерна на 350 степени Целзиусови 35 до 40 минути. Послужете веднаш. Одозгора со незасладена шлаг.

89. Чоколадни суфлеа од пеперминт

Прави: 8 порции

СОСТОЈКИ:
- 3 лажици Несолен путер
- 5 големи жолчки
- 3 лажици Брашно
- 6 големи белки од јајца
- 1 шолја 2% млеко со малку маснотии
- ¼ лажичка Крем забен камен
- ¼ лажичка Сол
- ⅓ чаша бонбони од пеперминт; здробени
- Бонбони од пеперминт; (околу 3 oz)
- 6 унци полуслатка чоколада; сецкани
- ½ чаша Вода
- ⅔ чаша Шеќер
- 1 лажичка ванила - Чоколадо-сос од пеперминт ---
- 1 чаша шлаг
- 1 чаша бонбони од пеперминт; здробени
- ¼ чаша Вода
- 6 унци полуслатка чоколада; сецкани

a) Загрејте ја рерната на 400¼. Намачкајте со путер осум јадења од 1 ¼ шолја суфле. Посипете со шеќер; истресете го вишокот. Ставете листови на голем плех за печење. Растопете путер во средно тенџере на средна топлина. Додадете брашно. Изматете додека смесата не се изедначи и меурчиња, околу 2 минути. Зголемете ја топлината на средно-висока.

b) Постепено изматете го млекото. Оставете да зоврие, постојано матејќи. Се вари додека не стане густа и мазна, околу 1 минута. Се меша во сол. Тргнете од оган. Изматете го чоколадото додека не се стопи. Додадете вода, ⅓ с шеќер и ванила; изматете додека не се измешаат. Се лади на собна температура, околу 25 минути. Изматете ги жолчките.

c) Со електричен миксер изматете ги белките и кремот од забен камен во голем сад додека не се формираат меки врвови.

Постепено додавајте ⅓ с шеќер, матејќи додека не стане цврсто и сјајно. Свиткајте ¼ белки во чоколадна смеса. Нежно преклопете ја чоколадната смеса во преостанатите белки во 3 додатоци.

d) Смесата поделете ја на подготвените јадења (филот ќе стигне речиси до врвот).

e) Врз суфлеата посипете мелени бонбони. (Може да се направи 3 дена однапред. Завиткајте во фолија и замрзнете, не одмрзнувајте. Откријте го пред печење.) За сос: измешајте крем, бонбони и вода во средно тенџере. Мешајте на средна топлина додека бонбоните не се стопат. Тргнете од оган. Додадете чоколадо и мешајте додека не се стопи и изедначи. Послужете топло или на собна температура.

f) Загрејте ја рерната на 400 ¼. Печете додека суфлеата не се надуени и речиси цврсти на допир, но сепак меки во центарот, околу 30 минути за незамрзнати, 40 минути за замрзнати. Послужете веднаш со чоколаден сос од пеперминт.

90. Суфле со крцкање од чоколадо

Прави: 4 порции

СОСТОЈКИ:

- 1 лажица Несолен путер
- 8 лажици гранулиран шеќер
- 6 унци полуслатка чоколада, скршена
- На парчиња од 1/2 унца
- 2 унци незасладена чоколада,
- Скршено на 1/2-унца
- Парчиња
- 4 големи жолчки од јајце
- ¼ чаша Тежок крем
- 8 големи белки од јајца
- 3 длабоко темно чоколадо епови
- Колачиња, сецкани на инчи парчиња
- ½ чаша полуслатки чоколадни чипови

a) Загрејте ја рерната на 350 степени.

b) Секоја шолја за суфле лесно премачкајте ја со путерот.

c) Внатрешноста на секоја чаша посипете ја со 1½ лажичка гранулиран шеќер. Оставете го настрана додека не е потребно. Загрејте 1-инч вода во долната половина на двоен котел на средна топлина.

d) Во горната половина на двојниот бојлер ставете ја полуслатката и незасладената чоколада.

e) Цврсто покријте го горниот дел со пластична фолија. Загрејте 6 до 8 минути.

f) Тргнете го од оган и мешајте додека не се изедначи.

g) Чоколадото префрлете го во голем сад од нерѓосувачки челик. Користете размахване за да ги измешате жолчките и густиот крем додека не се изедначат темелно. Стави на страна.

h) Ставете ги белките на садот со електричен миксер опремен со камшик за балон. Изматете на високо додека не се формираат меки врвови, околу 1 минута.

i) Додадете го преостанатиот шеќер и продолжете да матете додека не се формираат крути врвови, околу 45 до 50 секунди. Извадете го садот од миксер.

j) Со гумена шпатула преклопете околу ¼ од изматените белки во смесата од растопено чоколадо, а потоа преклопете ги преостанатите белки.

k) Рамномерно поделете ја смесата за суфле во подготвените чаши за суфле, полнејќи ги на ½ инчи под работ на чашата. Рамномерно поделете ги и посипете ги парчињата колачиња и чоколадните чипови над врвовите од смесата за суфле.

l) Ставете ги суфлеата на централната полица на загреаната рерна.

m) Печете додека чепкалка вметната во центарот не излезе чиста, околу 22 до 26 минути. Извадете го од рерна и послужете веднаш.

91. Суфле со ладно овошје

Прави: 1 порција

СОСТОЈКИ:
- 1 плик желатин без вкус
- 2 лажици Сок од лимон
- 6 жолчки од јајца
- ⅓ чаша мед
- 1 чаша Пире од овошје
- 2 лажици ликер Гранд Марние
- 6 белки од јајца; удрен вкочанет
- 1 чаша Тежок крем; изматен гарнир--
- Свежо овошје и гранчиња нане

a) Подгответе суфле од 1 литар со јака. Омекнете го желатинот во сок од лимон. Во горниот дел на двојниот котел, изматете ги жолчките и медот додека не се изедначи и густо.

b) Се става на топла вода, се додава омекнатиот желатин и се продолжува со матење.

c) Додадете овошно пире и ликер и мешајте додека смесата не се згусне. Кул.

d) Свиткајте ги белките, па изматете го шлагот. Со лажица се става во подготвеното јадење за суфле и се лади најмалку четири часа. Кога сте подготвени за сервирање, извадете ја јаката и украсете со овошје.

92. Суфле со сирење во тенџере

Прави: 1 порција

СОСТОЈКИ:
- 8 парчиња леб
- 8 унци рендано сирење
- 4 Јајца
- 1 шолја Млеко
- 1 чаша испарено млеко
- ¼ лажичка Сол
- 1 лажица магдонос
- Паприка
- 1 чаша варено месо (по избор) шунка

a) Лесно подмачкајте го тенџерето.
b) Слој леб, сирење и месо (ако се користи).
c) Изматете ги јајцата, млекото, испареното млеко, солта и магдоносот.
d) Прелијте ги лебот и сирењето во тенџере.
e) Одозгора посипете со пиперка.
f) Покријте и варете на тивко 3-4 часа.

93. Суфле Daiquiri

Прави: 4 порции

СОСТОЈКИ:
½ шолја ладна вода
1 лажица желатин без вкус
4 големи јајца, одвоени
¾ чаша Шеќер
По 1 кора од лимон и лимета
2 лажици сок од лимета
2 лажици Сок од лимон
4 лажици лесен рум
1 шолја шлаг

Ставете вода во тава. Посипете желатин на врвот; оставете да отстои најмалку 5 минути. Изматете ги заедно жолчките и шеќерот додека не станат побледи и поматени. Додадете вар и кора од лимон; измешајте да се соедини. Гответе ја смесата од желатин на тивок оган додека не се раствори. Додадете мешавина од жолчка од јајце; варете нежно, со постојано мешање, 3 до 5 минути. Не дозволувајте смесата да зоврие или може да замрзне.

Отстрани од топлина; измешајте ги сокот од рум, лимон и лимета. Се лади додека не почне да се гел. Ова може да се забрза со поставување на сад на кревет од мраз. Мешајте повремено за да спречите формирање на желе. Изматете го кремот во сад додека не се формираат меки врвови. Свиткајте ја шлагот и изматените белки во смеса од желатин. Истурете во подготвеното јадење. Заладување.

Украсете со шлаг, темјанушки и кришки од лимета.

94. Суфле од драмбуи

Прави: 4 порции

СОСТОЈКИ:
4 големи јајца; разделени
1 унца путер
1 унца обично брашно
¼ пинта Млеко
3 унци шеќерен шеќер
4 лажици Drambuie
Суштина од ванила

Иако ова суфле е вкусно самостојно или со еден крем, пробајте го со сос направен од (шкотски) малини - комбинацијата ќе ви се најде одлична.

Лесно намачкајте го со путер садот за суфле (2 пилиња за 4 порции) и посипете го со шеќерот.

Растопете го путерот, измешајте го брашното, тргнете го од оган и постепено измешајте го млекото. Кога сосот ќе се изедначи, вратете го на оган и оставете го да зоврие да се згусне, мешајќи цело време. Промешајте ги жолчките една по една, а потоа изматете шеќер со шеќер со Drambuie и есенција од ванила.

Изматете ги белките додека не застанат во меки врвови, а потоа лесно со метална лажица и брзо преклопете ги во смесата со сос.

Свртете го суфлето во садот и печете го во средината на рерната на 375 F околу 40 минути или додека не нарасне добро и не порумени.

Одозгора намачкајте малку шеќер во прав и послужете веднаш.

95. Замрзнато суфле Grand Marnier

Прави: 4 порции

СОСТОЈКИ:

5 цели јајца

¼ шолја гранулиран шеќер, плус дополнително за бришење прашина на садовите

Омекнат путер

1 чаша Тешка крема, плус

½ чаша Тежок крем

3 лажици шеќер за слатки

¼ чаша Grand Marnier

2 лажици кора од портокал

½ чаша Сегменти од портокал

Измешајте ги јајцата и гранулираниот шеќер во горниот дел од двоен котел од нерѓосувачки челик и внимавајќи да не се изматат јајцата, изматете ги на тивок оган додека смесата не добие златна боја и доволно густа за да се обложи задната страна на лажицата со ленти. Тргнете го од оган и оставете ја смесата на страна да се излади.

Додека смесата со јајца се лади, подгответе четири ½ шолја јадења за суфле со сечење на восочена хартија доволно долго за да го заокружите секој сад за суфле двапати и застанете 3 до 4 инчи над нејзиниот врв. Завиткајте ја восочената хартија цврсто околу надворешната страна на садот и запечатете ги рабовите со проѕирна лента. Намачкајте ја внатрешноста на садот со омекнат путер, а потоа посипете со гранулиран шеќер, исчукајќи го вишокот шеќер на чинија.

Со помош на електричен миксер измешајте 1 шолја дебела павлака, слаткарски шеќер и Grand Marnier, кора од портокал и изматете ги во цврсти врвови. Со шпатула нежно свиткајте го шлагот во смесата со јајцата. Истурете ја смесата во садовите за суфле намачкани со путер, полнејќи ги над работ и во областа затворена со восочената хартија.

Ставете ги суфлеата во замрзнувач, најмалку 4 часа, по можност преку ноќ. Кога сте подготвени за сервирање, изматете го преостанатиот крем додека не се формираат меки врвови, извадете го замрзнатото суфле од замрзнувачот и внимателно извадете ја восочената хартија јака. Одозгора ставете една шлаг и неколку парчиња портокал.

96. Суфлеа од овошни колачи

Прави: 1 порција

СОСТОЈКИ:
3 лажици гранулиран шеќер плус дополнителни за
; попрскувајќи ги рамекините
1 ½ чаша распарчена овошна торта
¾ чаша распарчен бел леб
½ чаша Млеко
3 големи јајца; разделени
2 лажици шеќер за слатки

a) Намачкајте со путер осум рамекини од по 1 шолја и посипете ги со дополнителниот гранулиран шеќер. Во помал сад добро измешајте ги овошниот колач, лебот и млекото и оставете ја смесата да отстои покриена на собна температура 15 минути.

b) Во метален сад со пренослив електричен миксер изматете ги жолчките и преостанатите 3 лажици гранулиран шеќер додека смесата убаво не се соедини, ставете го садот врз тенџере со вода што врие и изматете ја смесата додека не стане густа и бледа.

c) Извадете го садот од тавата и изматете ја смесата за овошни колачи.

d) Во еден сад изматете ги белките додека не станат пенести, изматете го шеќерот од слаткарите, просејуван и матете ги белките додека не држат само крути врвови. Свиткајте ја меренгата во смесата за овошни колачи нежно, но темелно и поделете го тестото на рамекин.

e) Печете ги суфлеата на средина на претходно загреан 375 F. рерната 12 до 15 минути или додека не порумената и додека ножот вметнат во центрите не излезе чист.

97. Glace суфле од црвена малина

Прави: 8 порции

СОСТОЈКИ:

- 20 унци малини; замрзнати
- ¾ чаша Шеќер
- ⅓ чаша; вода
- 6 јајца; разделени
- 2 чаши Шлаг крем; Избришан

a) На тивок оган, варете малини додека течноста речиси не исчезне (околу 15 минути). Се трга на страна да се излади.

b) Комбинирајте шеќер и вода во средно тенџере; доведете до вриење и брзо вриејте 3 минути до мека топчеста сцена.

c) Во мал сад за миксер изматете ги жолчките додека не се згуснат и не добијат лимонска боја.

d) Со миксер на средна брзина полека прелијте со врелиот сируп врз жолчките; матете до густа и светлина.

e) Свиткајте во малини. Изматете ги белките додека не се формираат цврсти врвови. Преклопете во смесата од малини.

f) Свиткајте во шлаг. Залепете 2-инчни стоечки јаки од алуминиумска фолија околу 8 поединечни садови или чаши за суфле.

g) Лажица смесата од малини, фил до врвот на јаката.

h) Замрзнете. Отстранете ја јаката за да послужите. Украсете со шлаг и свежа малина.

98. Суфле на хомони

Прави: 8 порции

СОСТОЈКИ:
1 шолја Млеко
1 чаша Вода
½ чаша хомони гриз
2 лажици путер, стопен
¾ лажичка сол
3 Јајце, одвоено, убаво изматено
1. Изгорете го млекото и водата во горниот дел од двојниот бојлер.

2. Додадете хомони гриз, мешајќи додека не се згусне; готви 1 час.

3. Кул; додадете путер, сол и жолчки, добро измешајте.

4. Нежно свиткајте во цврсто изматените белки.

Истурете ја смесата во добро намачкана тепсија; се пече на претходно загреан 325'F. рерна 45 минути.

99. Суфле од чај од јасмин со сладолед од лимонска трева

Прави: 6 порции

СОСТОЈКИ:

- ½ чаша Лабави листови од чај од јасмин
- ¼ шолја Лабави листови од улонг чај
- 1 шолја Млеко
- 3 чаши Тешка крема
- 2 зрна тахитски ванила; поделени по должина,
- И изгребан
- ½ чаша мед
- 10 јајца; разделени
- ½ чаша пченкарен скроб
- ½ чаша Шеќер; (1/4 чаша за жолчки,
- И 1/4 чаша за белците)
- 6 подмачкани и зашеќерени рамекини од шест унци -
- Сладолед од лимонска трева

a) Во нереактивен тенџере на тивок оган, измешајте ги чаевите, павлаката, млекото и зрната/мешунките од ванила и оставете да зоврие. Варете 20 минути, потоа тргнете го шпоретот и оставете уште 30 минути.

b) Процедете ја инфузираната течност и повторно загрејте со медот до вриење. Во сад од нерѓосувачки челик изматете ги 10-те жолчки, пченкарниот скроб и ¼ шолја шеќер. Намалете ги жолчките така што на жолчките ќе им додадете само една лажичка топла инфузирана крема. Добро измешајте, па калената смеса додајте ја назад во тенџерето.

c) На средна температура, матете постојано додека не се згусне, а потоа варете дополнителни 3 до 5 минути.

d) Треба да се постигне текстура на крем за пециво. Префрлете ја основата во мала хотелска тава, затворете ја со пластична фолија и ставете ја во фрижидер. Базата може да се направи 24 часа однапред.

e) Загрејте плех со листови во рерна на 375 степени. Изматете ги белците со 1 лажица шеќер во исправен миксер опремен со додаток за камшик на бавно. За околу 8 до 10 минути ќе се постигнат меки врвови. Додадете го остатокот од шеќерот и изматете со голема брзина две рафали од 5 секунди.

f)   Во голем нерѓосувачки сад, рачно изматете ја изладената инфузирана крема база додека не се изедначи. Со помош на шпатула, нежно преклопете ги белките во сооднос 50/50 по волумен. Работете брзо, но не мешајте премногу.

g)   Основата треба да биде една хомогена боја. Наполнете ги рамекините до врвот. Спуштете го секој од височина од 3 инчи за да ги растерате сите несакани меурчиња.

h)   Ставете го на загреан плех и печете 12 минути. По 6 минути суфлеата ќе почнат да нараснуваат. Проверете ги надојдените суфлеа за да видите дали некои рабови се фаќаат на бандажите на рамекинсот; доколку е потребно, отворете ја вратата од рерната и внимателно исечете го лепливиот дел со нож.

i)   Суфлеата сами ќе се исправат.

j)   Кога страните на суфлето ќе добијат златно-кафеава боја (клучот за суфлето да не падне се корите, златно кафеавите страни), извлечете го од рерната и посипете ги горните со шеќер од слатки.

k)   Послужете веднаш со топка сладолед од лимонска трева.

l)   За позлата: Ставете суфле на чинија. Исечете отвор на врвот на суфлето и ставете топка сладолед внатре.

100. Суфле од портокал - јајце

Прави: 6 порции

СОСТОЈКИ:

- 2 пликови Желатин без вкус
- ¾ чаша Шеќер, поделен
- 8 унци полуслатка чоколада,
- Грубо сецкани
- 2 лажички сос од крем од ванила
- Шлаг
- Потпечени бадеми
- ¼ лажичка Сол
- 5 јајца, одвоени
- 1 чаша Вода
- ¼ чаша замрзнат сок од портокал
- Концентрирајте се
- 1 лажичка рендана кора од портокал
- 2 шолји Eggnog
- 1 лажица Екстракт од рум
- ¼ лажичка Крем забен камен
- 2 чаши шлаг, поделен
- Парче портокал

a) Измешајте желатин со ¼ чаша шеќер и сол. Изматете ги жолчките со вода и концентрат од сок од портокал. Додадете во смесата со желатин.

b) Мешајте на тивок оган додека желатинот целосно не се раствори, 5 до 8 минути.

c) Тргнете од оган.

d) Додадете кора од портокал, јајце и екстракт од рум.

e) Оладете, мешајќи повремено, додека смесата малку да се навива кога ќе ја испуштите од лажицата.

f) Изматете ги белките со крем од забен камен додека не станат пенливи; постепено додавајте го преостанатиот шеќер и матете додека не се формираат меки врвови.

g) Свиткајте во смесата од желатин. Изматете 1½ чаши од кремот додека не се формираат меки врвови; преклопете во смесата од желатин.

h) Истурете во 1 кт. Суфле сад со јака. За да направите јака, откинете 4" парче фолија 4" подолга од обемот на садот. Преклопете го на третини по должина. Ставете го околу горниот дел од садот и залепете го со селотејп за да се вклопи цврсто.

i) Оладете додека не се стегне, најмалку 6 часа. Отстранете ја јаката.

j) Изматете ја преостанатата ½ шолја крем додека не се стегне; украсете со шлаг и парче портокал.

ЗАКЛУЧОК

Како заклучок, Суфле-готвачот е задолжителен за секој кој ги сака деликатните и вкусни вкусови на суфлеата. Со 100 рецепти за избор, никогаш нема да останете без идеи за создавање нови и возбудливи креации со суфле. Без разлика дали сте искусен готвач или почетник готвач, овој готвач е дизајниран да ви помогне да правите совршени суфлеа секој пат.

Па зошто да чекаме? Добијте го вашиот примерок од суфле готвач уште денес и започнете со создавање на најнебесните суфлеа што ќе ги остават вашите гости да молат за повеќе!

Ingram Content Group UK Ltd.
Milton Keynes UK
UKHW020726070623
423024UK00006B/11